AF613758

TANCRÉDE
ET
SIGISMONDE,
TRAGÉDIE.

Traduction libre de l'Anglois de JAMES THOMSON,

Par M. DE LA PLACE.

Amour, amour, sont-ce là de tes coups!
LA FON.

Le Prix est de 24 sols.

A PARIS,
Chez SEBASTIEN JORRY, Imprimeur-Libraire, rue de la Comedie Françoise.

M. DCC. LXXII.
Avec Approbation & Permission.

PERSONNAGES.

TANCRÉDE.

SIFFRÉDI, *Chancelier de la Sicile.*

Le Comte OSMOND, *Connétable.*

RODOLPHE, *Capitaine des Gardes.*

SIGISMONDE, *fille de* SIFFRÉDI.

LAURE, *sœur de* RODOLPHE.

Barons, Officiers, Gardes.

La Scene est à Palerme.

TANCRÉDE ET SIGISMONDE, TRAGÈDIE.

ACTE PREMIER.

SCENE PREMIERE.

SIGISMONDE, LAURE.

SIGISMONDE.

O Jour fatal, pour la Sicile!... Le Roi, dis-tu, touche à sa derniere heure?

LAURE.

Oui, Madame; on le craint.

SIGISMONDE.

La mort des personnes distinguées par leur rang, & plus encore par leurs vertus, réveille, ébranle l'ame, la frappe d'une ſombre terreur : non que nous gémiſſions ſur elles, mais ſur nous-mêmes, & ſur l'avenir qui ſemble nous menacer. Car les plus dignes de nos regrets, n'en ſont pas moins promptement oubliés!... Nos cœurs, dit-on, ma chere Laure, ſe trouvent quelquefois accablés d'un ſentiment intérieur, qu'on pourroit preſque croire prophétique ?... Tel eſt celui dont je me ſens tout-à-coup affectée! La mort qui menace le Roi, ſemble m'annoncer mille maux. Les troubles qu'elle peut renouveller dans l'Etat; les changemens qu'elle peut apporter dans la fortune de mon pere; la ſeule idée enfin que cette mort peut déſunir Tancréde & ſon amante, ſuffit pour me glacer d'effroi!

LAURE

Craintes d'un cœur trop occupé de ſon amour, & toujours ingénieux à ſe forger de nouvelles peines!... Soyez sûre, pourtant, que la conſtante amitié de votre pere, ne continuera pas moins de protéger ce... Mais comment le qualifier?... Cet enfant adoptif, ce jeune & noble Tancréde, en qui l'on voit déja briller toutes les vertus de ſon protecteur.

SIGISMONDE, *à part.*

(Haut.)

Eh! qui mieux que moi, les admire?... La matinée eſt belle, & l'a, (dit-on) invité à la chaſſe... Sait-on s'il en eſt de retour?

LAURE.

Pas encore, Madame.... Mais au moment où le Monarque a fait appeller votre pere, on a dépêché des couriers pour le preſſer de revenir ici.... J'ai même remarqué dans les yeux du Seigneur Siffrédi certaine émotion, certains mouvemens d'impatience, qui ſemblent indiquer que le danger qui menace le Roi, eſt pour Tancréde beaucoup plus intéreſſant que l'on ne penſe.

SIGISMONDE.

Sa naiſſance, mon amie, eſt couverte d'un nuage,

dont je ne puis percer l'obſcurité.... Jamais Prince n'eut une éducation plus ſoignée, & ne fut plus reſpecté que lui. Souvent, dans les Bois de *Belmont*, j'ai vû, j'ai démêlé ce ſentiment dans les yeux même de mon pere. Bois chéris! où mon cœur naïf & ſans art, apprit pour la premiere fois à ſoupirer!... Si je dois en croire mon pere, Tancréde eſt fils d'un de ſes vieux amis, d'un Seigneur puiſſant dans la *Pouille*, & qui mourut, dit-on, glorieuſement dans la derniere croiſade.... Mais n'eſt-il pas ſurprenant qu'il ne ſoit reſté à cet enfant d'autre parent, d'autre ami que mon pere?... Car s'il en avoit d'autres; avec quels ſentimens de vanité ne s'empreſſeroient-ils point de rechercher, de reclamer ce digne rejetton d'un ſang illuſtre? Ce modéle accompli de tout ce que les graces de la jeuneſſe offrent d'aimable & d'intéreſſant? Cet amant enfin qui ſut charmer.... (Peut-être trop, hélas!) le tendre cœur de Sigiſmonde.... Mais, chere Laure, écoute.... Ton frere, eſt ſon ami?... Le cœur de mon Tancréde, eſt toujours ouvert à ſes yeux?... Parle; dis-moi ce que penſe Rodolphe?... Croit-il au Roman mal imaginé de la naiſſance de mon amant?

LAURE.

Souvent il en ſemble douter... Tancréde, cependant, n'en conçut jamais les plus legers ſoupçons. Il ſe plaint ſeulement de la fortune; & gémit de n'être pas né d'un ſang qui le rapproche plus de vous.

SIGISMONDE.

Un mérite tel que le ſien, eſt au-deſſus de la fortune.... Ainſi, ma chere Laure, il s'entretient donc quelquefois de moi avec ton frere?

LAURE.

Il ne lui parle que de vous.... Quelque ſoit le ſujet de leur converſation, Sigiſmonde en eſt toujours la fin... Les allées de *Belmont*, ne retentiſſent que de ce nom ſi cher à ſon cœur.

SIGISMONDE.

Tu me flattes, je le sens, mon amie... Cependant mon erreur m'est chere!

LAURE.

Je ne dis, que la vérité; je ne l'exprime même, qu'à demi.... Que dis je? Mon frere est tellement pénétré des sentimens de son ami, qu'il semble les ressentir lui-même!... Le ciel, (dit-il,) prodigue en ses bontés, a pris plaisir à former nos cœurs pour l'amour. C'est dans ce sentiment délicieux qu'il a prétendu renfermer le germe de l'honneur, de la vertu, de l'amitié.... de tout ce que la terre enfin a de plus pur, de plus utile, & de plus respectable.

SIGISMONDE.

Aimable & vertueux Rodolphe!

LAURE.

Et son discours finit toujours, par l'éloge de votre amant.

SIGISMONDE.

Ah, chere Laure!... Dis-moi?... Comment s'exprime-t-il, sur ce sujet?

LAURE.

Dût Tancréde, (dit-il,) n'être point né des plus respectables parens, la nature l'a créé noble, généreux, brave, & méprisant tout ce qui tient de la bassesse; il ne doit rien à l'éducation : ses vertus tiennent à son ame.... Mais ce qu'il admire le plus, c'est que les passions de son ami, quoique vives, presque brûlantes, sont tellement subordonnées à la bonté de son cœur, que la raison a toujours le pouvoir d'en tempérer les mouvemens!

SIGISMONDE.

Ton frere le connoît! Ton frere est vrai, ma chere Laure! Il est digne ami de Tancréde; & je fais mille vœux pour lui.... Oui! Laure, je le crois.... Oui! j'oserois presque affirmer, que si la vertu prenoit un corps, elle emprunteroit l'air, les traits, le ſourire & les graces de mon Tancréde!... Mais acheve; mon amie; ne crains pas d'épuiſer ſon éloge : le ſujet eſt intariſſable, & ne me laſſera jamais!... Crois, chere Laure, crois que jamais la femme ne peut être plus délicieuſement flattée, (car ce ſentiment eſt bien au-deſſus de celui de l'amour-propre même!) qu'en entendant louer dignement l'objet de ſa tendreſſe.

LAURE.

J'entends du bruit... Quelqu'un vient?.. C'eſt votre pere.

SCENE II.

SIGISMONDE, SIFFREDI, LAURE, un Domeſtique.

SIFFREDI, *au Domeſtique.*

VOus avez donc enfin rencontré Tancréde?

LE DOMESTIQUE.

Oui, Seigneur. Il va paroître. J'ai fait la plus grande diligence pour vous apprendre avec quel empreſſement il ſe rend à vos ordres.

SIFFREDI.

Allez.... Et vous, ma fille, laiſſez-moi.

SIGISMONDE.

Je pars.... Mais Seigneur, peut-on ſavoir comment eſt le Roi?

SIFFREDI.

Il a ceſſé d'être.... Il eſt parti pour ce redoutable ſéjour, où les Rois n'ont d'autre couronne, que celle de leurs vertus.

SIGISMONDE.

Que la ſienne ſera brillante!... Ce coup, Seigneur,

étoit inattendu ! ... Lorsque Tancréde est parti pour la chasse, on ne craignoit, dit-on, pas pour le Roi ?

SIFFREDI.

Il est vrai.... Mais la mort, à son âge, accorde peu de longs délais : la nature affoiblie s'affaisse, & céde à la moindre secousse.... Mais cet instant pour lui, ma fille, n'étoit que l'heureux période auquel peu de mortels atteignent. Tous ses devoirs étoient remplis ; il jouissoit des vœux de ses sujets... Il est mort, sans douleurs.... Ah ! puisse je finir ainsi.... Le dernier de ses vœux, le seul qu'il n'ait pas vû rempli, étoit d'embrasser Tancréde.

SIGISMONDE.

Tancréde !.. Ah, Seigneur, daignez me pardonner... Si j'ose ?...

SIFFREDI.

Vous pardonner !.. Quoi donc, ma fille ?... Quel trouble tout à-coup vous faisit, au seul nom de Tancréde ?.. De quoi donc s'agit il ?

SIGISMONDE.

De rien, Seigneur.... Je desirois uniquement savoir, si notre Monarque expirant n'a pas dédaigné de pourvoir à la fortune de l'illustre Orphelin .. dont il savoit, sans doute, dès long-temps, que mon pere étoit chargé ?

SIFFREDI.

Il s'en est souvenu, ma fille... Allez... Il faut que je parle à Tancréde.

SCENE III.

SIFFREDI, *seul.*

AH ! mes soupçons ne sont que trop fondés... Et si mes yeux, quoique affoiblis par l'âge, savent encore distinguer les vrais symptômes de l'amour; une tendresse mutuelle anime également & ma fille & le jeune Prince, qui devient aujourd'hui mon Roi.... Ciel! s'il en est ainsi, quelle tempête nous menace! que d'obstacles à des projets depuis si long temps concertés, pour affermir la paix dans ce Royaume!... En vain le testament du Roi fut-il dicté, pour en être la base : l'amour detruira tout!... Mais quelle flatteuse idée vient tout-à coup m'inspirer le plus brillant espoir?... Fuyez projet trop peu digne de moi! vous ne me tenterez jamais. L'ambition & l'intérêt, ne sont pas faits pour ébranler mes résolutions.... Périsse l'ame assez vile pour préférer son bien être particulier, à celui d'un million d'hommes!... mais il vient... mon Roi.... sans se douter de ce qu'il doit à la fortune.

SCENE IV.

SIFFREDI, TANCREDE.

TANCREDE.

SEigneur, je lis dans vos regards la certitude d'un événement, dont la douleur publique ne m'a déja que trop instruit!... Nous l'avons donc perdu ce cher & respectable Monarque?

SIFFREDI.

Oui... Nous perdons un pere :.. Nous perdons ce que le ciel accorde si rarement aux humains; un bon, & digne Roi!... Ecoutez-moi, mon cher Tancrède; apprenez, en peu de mots, comment ce Prince a merité ces titres, moins glorieux que respectables, & vraiment chers à la patrie.... Il aimoit ses sujets, élevoit les bons, abaissoit & punissoit les méchans. Ennemi juré des flatteurs, il rejettoit avec mépris, tous les avis secrets, tous ces conseils qui ne sont bons que pour ceux qui les donnent; tous ces projets conçus pour avilir le Souverain, sous prétexte d'ajouter encore à sa grandeur. Il détestoit le délateur adroit, ainsi que ces rapports obscurs dont la calomnieuse envie cherche toujours à flétrir les vertus; & ne se croyoit maître, que pour faire le bien. Il étoit convaincu qu'un peuple dont les droits sont respectés, & l'industrie encouragée; qui vit en sûreté, sous le bouclier sacré des loix; dont le génie, les arts, & les travaux sont accueillis & récompensés par le Prince: il étoit convaincu, (dis-je,) que des sujets heureux comme il l'étoit lui-même, ne peuvent devenir ingrats; que leur main libérale suffisoit à tous ses besoins; que leur amour, (en ce cas toujours filial) & leur confiance dans la probité du Monarque, étoit pour lui le plus sûr des trésors; & que dans chaque citoyen, il ne voyoit qu'un défenseur fidele.

TANCREDE.

J'ai traversé la ville, & n'ai rencontré sur mes pas que l'image de la tristesse. J'ai vû le peuple, en divers endroits rassemblé, frappé d'une douleur muette, exprimer par ses gémissemens (ciel, quel panégyrique pour un Roi!) la perte déplorable qu'il a faite.... Les principaux d'entr'eux, ceux chez qui le souvenir de nos malheurs passés & de nos discordes civiles est encore présent; qui par l'expérience instruits, laissent à la jeunesse à se repaître des vaines illusions de l'espérance; ces sages citoyens enfin, portant leurs regards vers les cieux, semblent en soupirant mal augurer de l'avenir, & sont plongés dans la consternation la plus profonde. D'autres, à travers ce sentiment réel, ou affecté, laissent entrevoir un rayon d'espoir, sur ce que le hazard, ou le changement de Souverain, pourra produire en leur faveur. Un murmure confus, regne dans les places publiques; l'avide courtisan enfin, déserte le palais du bienfaiteur, qui désormais lui devient inutile, & vole avec empressement vers celui de la Princesse *Constance*.

SIFFREDI.

Jeune & noble Tancréde ! je vois, avec transport la justesse de tes réflexions, dignes d'un âge plus avancé. Mais si le courtisan se rend en foule au palais de *Constance*.... Il pourroit bien se voir trompé dans son attente.

TANCREDE.

Comment, Seigneur ?... N'est-elle pas l'héritiere du trône de Sicile ?.. Sœur de notre dernier Roi ? Seul rejetton de la *race Normande* ?... En un mot, notre Souveraine ?

SIFFREDI.

Elle est sœur de notre dernier Roi, sans doute, reste de la postérité du fier *Guillaume le Mauvais*; de ce tyran, qui ne mérita que trop bien ce surnom ; qui fit couler si lâchement le sang le plus illustre; qui, si long-temps opprima la Sicile, & finit par la dévaster ; funeste auteur enfin de mille factions cruelles qui la déchireroient encore, si le Souverain que nous pleurons aujourd'hui, si *Guillaume le Bon*, en succédant au trône de son pere, n'eût pas mis fin aux maux de sa patrie.... Quant à *Constance*, mon enfant, elle est, il est vrai, sœur de notre dernier Roi.... Mais non pas sa plus prochaine héritiere.

TANCREDE.

Vous m'étonnez, Seigneur !... Puis-je, en ce cas, vous demander à qui le trône est dû ?

SIFFREDI.

Venez, jeune & noble Tancréde !... Venez, cher objet de mes soins ! je dois sonder, dans ce moment, la générosité de votre cœur.... Apprenez, que Palerme tient actuellement dans son sein le dernier rejetton de ce héros, qu'autrefois admira l'Europe.... L'héritier légitime enfin, du brave & renommé *Roger*.

TANCREDE.

Ciel !.... de *Roger premier* ?

SIFFREDI.

Oui, mon enfant ; ſon petit-fils, né de l'aîné des fils de ce grand homme, & qui mourut avant ſon pere.

TANCREDE.

Quoi ! le fils du Prince *Manfred* ? De ce héros plus généreux encore qu'infortuné ? De celui que le tyran, après l'avoir privé de la couronne, a ſi lâchement fait périr ?

SIFFREDI.

Lui même.

TANCREDE.

J'en rends graces au ciel !... Je ſuis charmé de retrouver & voir renaître la race de nos héros *Normands !* Puiſſé-je encore les voir briller dans l'Europe, à travers l'obſcure barbarie de ce ſiecle mépriſable ?.. Mais, où donc ce Prince a-t-il été caché juſqu'à ce jour ?

SIFFREDI.

Le Roi que nous venons de perdre, touché d'une noble pitié, a entrepris de le ſauver des fureurs du tyran. Il l'a fait élever, en ſecret, conformément à ce qu'exigeoit ſa naiſſance, & aux eſpérances qu'il avoit conçues de lui. Mais, ce Monarque eſt mort trop tôt pour qu'il lui ait été permis de lui apprendre & ſon nom & ſon ſort.... C'eſt à moi ſeul, c'eſt à ma qualité de Chancelier de ce Royaume, que *Guillaume le Bon*, vient de confier ſon teſtament, par où le jeune Prince eſt déclaré ſon ſucceſſeur.

TANCREDE.

Heureux jeune-homme !... Tu vas donc enfin triompher des ennemis de ton pere, de l'orgueilleux *Oſmond*, & de la fille du tyran ?

SIFFREDI.

Eh ! voilà, juſtement, ce que je crains.... C'eſt ce courage impétueux ; c'eſt cette vive ardeur de la jeuneſſe, qui me fait trembler pour l'État !... Si le tyran n'eſt plus, ſa faction ſubſiſte encore. Elle eſt redoutable, & nombreuſe : elle protégera ſa fille. Le Comte *Oſmond*, le Connétable de Sicile, y fut toujours fermement attaché.... Et ce même *Oſmond*, joint à la nobleſſe du ſang, l'expérience, la valeur, & le plus grand crédit.... Ne penſeriez-vous pas qu'il vaudroit mieux, qu'un heureux hymenée entre le jeune Prince & *Conſtance*, réunît à la fois & leurs amis & les differens intérêts qui depuis ſi long-temps les diviſent?.. N'eſt ce pas le ſeul & plus sûr moyen de ramener la paix dans ces climats, & de l'aſſeoir ſur des fondemens vraiment durables ?

TANCREDE, *interdit.*

Seigneur.... Si l'on peut juger d'un autre par ſoi-même.... j'ai peine à croire que ce ſentiment ſoit ſuivi par le Prince.... Vous lui conſeillerez vainement de l'adopter, ſi ſon cœur y répugne.... Car enfin, que peut-il avoir à craindre, en s'y refuſant? Son droit peut-il être plus clair ? N'eſt-il pas sûr de votre appui, ainſi que de l'aſſiſtance de tous les gens de bien?... Le fils du brave & trop infortuné *Manfred*, ne doit-il pas s'attendre à voir bientôt les fideles Siciliens s'élever en ſa faveur & ſe ranger ſous ſes drapeaux?... Quant à moi, Seigneur; dès cet inſtant, je me dévoue à ſon ſervice. Tout mon ſang eſt à lui; & c'eſt avec tranſport que je brûle de le répandre pour maintenir ſes droits!... Pardonnez à la vivacité d'un mouvement dont mon cœur s'applaudit!.. Mais ne perdez pas un inſtant à nous montrer ce Prince, à reveiller dans ſon ame royale le ſentiment de ce qu'il eſt... de tout ce qu'il doit être! Peut-être, que relégué dans quelque obſcur azile, il gémit ſur ſon ſort; il eſt forcé d'étouffer dans ſon cœur les mouvemens qu'il tient de la nature, & du noble auteur de ſon être?... Ah, Seigneur! hâtez-vous de rendre ce Prince à lui-même!

SIFFREDI.

Mais auſſi ne ſe pourroit-il pas, que penſant, (comme on penſe aſſez communément à ſon âge!) l'amour

& la frivolité l'occupassent entiérement?... Mais, si le germe des vertus est réellement dans son cœur, j'ose cependant espérer d'y faire éclore un autre amour; un amour fait pour rendre heureux celui qui le ressent, & le bonheur d'un peuple entier.

TANCREDE.

Seigneur, je pense mieux de lui.... S'il aime, c'est sans doute avec noblesse.... Et ce sentiment seul suffit pour élever son ame, & faire éclater ses vertus.... Souffrez que je défende la jeunesse. Ce qu'elle a d'estimable, peut être quelquefois obscurci par le tourbillon des plaisirs qui la séduisent & l'égarent; & c'est alors qu'elle ne semble que trop souvent s'oublier elle-même!.... Mais, dès qu'un événement fait pour parler à son cœur, vient l'arracher à cette ivresse; cette ardeur même, en changeant tout-à-coup d'objet, ajoute à la vigueur de quiconque en est enflammé; & par ce changement subit, surprend, étonne, & ramene bientôt à lui les suffrages de l'Univers.... Oui, Seigneur, j'ose le penser & le sentir ainsi!... Et je ne sai par quelle espece de sympathie, je crois jouir déja de la gloire dont va jouir ce Prince, lorsque revêtu du seul pouvoir qui puisse flatter un grand cœur (celui de faire le bonheur des autres!) il pourra s'applaudir d'être né pour goûter ce plaisir suprême.

SIFFREDI.

Ah, cher Tancréde! songez combien, dans le lointain, le chemin qui mene à la gloire est séduisant; combien l'imagination de la jeunesse, le voit toujours semé de fleurs!... Mais, lorsqu'il faut le parcourir, lorsque nos passions les plus chéries, la volupté, l'ambition, l'amour-propre sur-tout, répandent, (pour ainsi dire) sur nos pas leur *magique poussiere :* hélas! que cette perspective est bientôt obscurcie; que l'œil trompé la voit alors dans un jour différent!... De-là, tous nos travaux, si nous voulons ne faire que le bien; delà, cette fermeté nécessaire, ces combats toujours renaissans contre nous-mêmes, contre nos sens grossiers: combats souvent perdus, & tous les jours renouvellés! de-là, cette généreuse pitié que l'on sent pour les maux d'autrui; de-là, cette épreuve plus difficile & plus pénible encore, (notre propre félicité subordonnée à l'intérêt & au bonheur de nos semblables.) Tous les sacrifices enfin, faits pour effrayer l'ame la plus ferme, pour la rebuter par degrés, & pour lui faire enfin manquer le but où tendoient ses desirs.... Peu de mortels, mon cher enfant, sortent vainqueurs de cette dangereuse & toujours renaissante *Lutte!* Très-peu franchissent ces obstacles, s'élevent assez haut pour respirer cet air plus pur, cet air céleste, qui sans être jamais troublé, permet à l'œil tranquille d'apprécier les passions, les vices, & les foiblesses de l'humanité!

TANCREDE.

Hélas! Seigneur, je ne le sens que trop!... Mais, auriez-vous quelque sujet de vous défier de ce jeune Prince?... Je ne le connois point, vous le savez?... Mon cœur, pourtant, seroit garant du sien! la carriere qu'on lui prépare, est si brillante; le *vent céleste* qui le pousse à la gloire, est si favorable pour lui, que l'ame la plus insensible se sentiroit embrasée du sentiment divin de la vertu.

SIFFREDI, *avec transport.*

Ombres de ses yeux! mânes des héros de sa race, écoutez ce généreux Prince!... Daignerez-vous, Seigneur, me pardonner cette épreuve de votre cœur?... C'est vous, Seigneur!... C'est vous-même, qui l'êtes en effet.

TANCREDE.

Quoi, Siffrédi!... Que suis-je?... Expliquez-vous?

SIFFREDI.

Ce Tancréde, dont nous parlons!... Oui, vous-même, Seigneur! vous, que le ciel a conservé pour faire le bonheur d'un peuple entier.... Vous, qui serez son digne maître!

TANCREDE.

Moi, Seigneur!... Moi le fils de *Manfred*? Moi, le dernier de ce sang glorieux ... Moi, qui ce matin encore, n'étoit qu'un obscur orphelin abandonné de ses parens, recueilli par vous seul? Par vous, mon cher & second pere!... C'est moi, que votre voix appelle à la gloire? Au dernier grade où l'humanité puisse atteindre?... Accordez-moi, Divinité qui m'entendez, accordez-moi les vertus, dispensez-moi les talens nécessaires pour soutenir le poids d'un nom que tant de héros ont porté!... (*Après un moment de silence.*) Je dois beaucoup au Roi, sans doute : mais, Siffrédi! que ne vous dois-je point?... Non, non! je ne l'exprimerai jamais, au gré de ma reconnoissance.... Oui, digne organe de nos loix, oui! vous fûtes, vous êtes, & vous serez toujours mon pere! vous seul éclairerez, vous seul conduirez ma jeunesse; vous seul serez la tête d'un Empire, dont je brûle d'être le bras.

SIFFREDI.

Tous mes vœux sont remplis, si je vous vois regner, avec honneur.

TANCREDE.

Vous m'avez dit, je crois, que le feu Roi vous a remis son testament?... J'ose espérer qu'il a daigné ne point m'assujettir à rien d'ignoble eu égard à *Constance*?.. Car il vous est tantôt échappé, sur ce sujet, certains mots qui m'allarment, & d'autant plus vivement que mon cœur, qu'on voudroit gêner, est possédé tout entier par une autre.... Cher Siffrédi! c'est uniquement sur ce point, que je veux être maître : vous-même en vain prétendriez y mettre obstacle... Hâtons-nous donc d'assurer mon sort. Que le Conseil s'assemble dans l'instant; que le testament y soit lu; & que les ordres soient donnés pour la convocation des Etats, avant qu'il soit midi.... Que les Barons y viennent rendre hommage à leur nouveau Souverain, qui reclame & saura faire respecter ses droits : droits légitimes, droits

sacrés

ſacrés qu'il tient de la naiſſance, indépendans de tous les teſtamens & des vaines formalités avec leſquelles on prétendroit en limiter l'uſage.

SIFFREDI, *après un moment d'embarras.*

J'y cours, Seigneur.... Souffrez pourtant que je vous diſe encore, que cet inſtant.... Que ce premier & précieux inſtant, va décider de ce qu'on doit attendre de votre regne!... Veillez, Seigneur! veillez ſur votre cœur! ſongez que le premier devoir des Rois, eſt d'immoler au bien de leurs ſujets les paſſions vulgaires.... Et même les vertus particulieres de l'homme qu'il étoit auparavant.

TANCREDE.

Ne craignez rien, Seigneur, de ces vertus.... Loin d'être nuiſibles au Souverain, je ſens, à n'en pouvoir douter, qu'elles peuvent le rendre d'autant plus cher à ſes ſujets.... La Bonté jointe a la Raiſon, ne fit jamais un mauvais Roi.

SCENE V.

TANCREDE, *ſeul.*

C'Eſt à moi, maintenant, charmante & généreuſe Sigiſmonde! c'eſt à Tancréde à te prouver combien ſa flâme étoit vraiment ſincere.... J'oſois à peine lever les yeux juſqu'à toi !.... Ah, quel plaiſir pour moi de pouvoir enfin t'annoncer, que ton amant n'eſt plus indigne de prétendre à ta main!... Mais, que peut ajouter la fortune aux vœux d'un cœur ſincerément épris? Son amour ſeul ſuffit pour le remplir, & les tréſors des plus grands Rois ſont indifférens à ſes yeux.... Hâtons-nous de voler à ſes pieds; hâtons-nous de goûter enfin le plus ſublime des plaiſirs que notre cœur puiſſe connoître : le ſentiment de la reconnoiſſance, joint à ceux qu'inſpire l'amour.... J'entends du bruit?... C'eſt elle-même!

SCENE VI.

TANCREDE, SIGISMONDE.

TANCREDE.

AH! mon ame voloit vers toi, ma chere Sigismonde.

SIGISMONDE.

Cher Tancréde!... Hâte-toi de m'apprendre d'où naissent ces dehors mystérieux & concertés que j'apperçois dans tout ce qui m'approche?... Mon pere même, avec l'œil sombre & l'air distrait, semble fuir mes regards... Toi-même, me parois ému!... Quoi, mon ami, la mort du Roi te touche t-elle assez pour altérer cette félicité dont nous avons jusqu'à présent joui dans la retraite de *Belmont*?... Explique-toi, de grace.... Que dois-je craindre?... Et que dois-je espérer?

TANCREDE.

Notre félicité la plus complette.... Au de-là même de nos vœux!

SIGISMONDE.

Hâte-toi donc de me l'apprendre!

TANCREDE.

Eh bien, apprends, qu'un trône vous attend.... Et que je suis le plus heureux de tes sujets! plus que Monarque enfin, puisque c'est avec toi que je vais partager ce rang suprême ... Ce *Manfred* si fameux; cette victime d'un odieux tyran; ce brave descendant du *Roger*, dont nous admirons les exploits... *Manfred*, étoit mon pere!...(*Après un moment de silence.*) Tu pâlis, ma chere Sigismonde?... Je vois couler tes pleurs?... Ah! souffre, que ma bouche les essuye....

SIGISMONDE.

O Tancréde!... Qui plus que moi doit se féliciter de ce bonheur inattendu?... Je suis pourtant la seule.... Oui, la seule, en ces lieux, dont il peut causer l'infortune!

TANCREDE.

Ah! dans ce cas, je le détesterois.... Ah! crois que je n'ai d'autre espoir que de partager ce bonheur avec toi.

SIGISMONDE.

Vous êtes, maintenant.... mon Souverain....

TANCREDE.

Et vous, la Souveraine de mon ame!... Je vois plus que jamais en vous, cette adorable & tendre Sigismonde! Cette ame noble & généreuse, qui dans l'état humiliant où m'avoit réduit la fortune, n'a pas dedaigné ma tendresse!... Eh, quoi? Croyez-vous seule avoir des droits à la bonté du cœur?... Croirois-tu ton amant formé d'un limon assez vil, assez grossier, pour que dans ce moment, dans ce moment suprême & si bien fait pour féconder le germe des vertus de toute espece; me croirois-tu (dis-je) assez lâche, assez traître, assez dépourvu d'équité, pour preférer le vain encens des cours, la pompe & le clinquant de la grandeur, à la naïve vérité, à l'amitié tendre & sincere, à l'amour le plus pur & le plus désintéressé?... Non! Sigismonde fut, & sera toujours tout pour moi.... Que dis-je, hélas? Combien je me plaindrois, combien tu me verrois accuser ton cœur d'injustice, si l'outrage que tu me fais ne naissoit pas de l'amour même?

SIGISMONDE.

Ne croyez pas, Seigneur, que je m'abaisse à de lâches soupçons : votre cœur m'est connu.... Je le croirai toujours le même.... Mais les Rois sont-ils maîtres de leur main? L'impérieux devoir qui toujours les assujettit au bien de leurs Etats, qui leur fait épouser les intérêts de leurs sujets, semble leur interdire les vertus des perſonnes privées.... Une Princeſſe utile, peut-être même néceſſaire à l'affermiſſement du trône... *Conſtance* elle-même pourroit....

TANCREDE.

Conſtance. ah! gardez-vous de la nommer ... Dût mon cœur, être libre; dût il ne pas brûler pour vous; je n'entendrois ſon nom, qu'avec horreur. Son lâche pere, a maſſacré le mien! .. Que dis je, hélas? Héritiere de ſon orgueil, elle oſe encore prétendre à la couronne!... Et vous pourriez me ſoupçonner?.. Inſultante penſée!.. L'uſage, je le ſai, reſpectable tyran de qui n'oſe s'en affranchir, eut toujours droit de dominer ſur les ames vulgaires: mais un vrai Roi le foule aux pieds... Quoi! parce qu'on eſt Roi; qu'on eſt choiſi pour défendre les droits, pour protéger la liberté des autres; eſt il preſcrit, par quelque loi, qu'il doive renoncer à la ſienne? Qu'il doive être plus malheureux que le moindre de ſes ſujets?... Non! mon cœur eſt né libre, il en connoît tout l'avantage; il n'entendra que la voix de l'honneur; il ne connoîtra, ne portera de chaînes que celles de l'amour & de ſa chere Sigiſmonde.

SIGISMONDE

Hélas! n'élevez pas mes eſpérances, peut-être audela de ce que me permet le devoir.... Bois fortunés, où nos feux mutuels ſuffiſoient à notre bonheur! ... L'ambition nous étoit inconnue!... Vous voudrez la combattre en vain, mon cher Tancréde: la cour, & votre rang, ſauront vous en faire un devoir.... J'en crois à mes preſſentimens ſecrets ... Rien ne ſauroit diſſiper cette crainte!

TANCREDE.

Entends-moi donc, ſeule ame de ma vie!... Dieu! ſource primitive & de l'amour & du bonheur des hommes; ſois le témoin de mes ſermens!... Oui, je jure à tes pieds, que l'Univers conjuré contre moi, que l'intérêt, l'ambition, l'orgueil du trône; que Siffrédi même enfin, n'ébranleront jamais ma foi.... Jamais ne me détacheront de Sigismonde.

(On entend le son des trompettes, & les acclamations du peuple.)

Mais, écoutez?... Ceci m'appelle à mes devoirs; & je vais les remplir.... Vous en serez la récompense!.. Avant de nous quitter, je dois encore mieux prévenir vos craintes....

(Il écrit son nom, sur un papier.)

Recevez ceci.... Donnez-le à votre pere. Ordonnez-lui, de la part de son Roi, qu'il soit, dès aujourd'hui, rempli du contrat le plus authentique, entre sa fille & moi.... Enfin, je goûte mon bonheur!... Rien désormais ne peut me séparer de ma fidelle & tendre amante.

Fin du premier Acte.

ACTE II.

SCENE PREMIERE.

SIFFREDI, *seul.*

TOut va bien, jusqu'ici.... Le testament du feu Roi s'exécute, conformément à mon plan : Tancréde partagera le trône avec *Constance* : seul moyen de déraciner pour jamais jusqu'aux moindres semences des factions qui n'ont que trop long-temps désolé ce déplorable Royaume!... Puissent mes yeux, appesantis par l'âge, fatigués & flétris par les travaux qu'exigeoient nos calamités & les accablantes formalités de mon emploi, voir ce fortuné période, & se fermer en paix!... Mais comment surmonter l'effrayant obstacle que nous oppose ici l'amour? Cette fatale autant qu'impérieuse passion, qui renversa toujours tous les projets conçûs par la prudence; toujours aussi impétueuse qu'aveugle dans ses desirs, & que la voix de la raison éprouva toujours indocile?... Hélas! sur quels fragiles fondemens s'établit le bonheur des hommes, si nos passions les moins condamnables ne suffisent que trop souvent pour le détruire!... Etoit-ce dans les bois? Etoit-ce dans la solitude, que je devois élever leur jeunesse? Et ne devois-je pas me défier des sentimens que pourroient y puiser deux cœurs si dignes l'un de l'autre?... Ah! si du moins mes occupations m'eussent permis d'être attentif au premier essor de leur flâme : j'aurois, dans sa naissance, éteint ce feu qui va probablement tout embrâser.... Ma fille avoue ingénuement tout ce qu'elle sent pour le Roi; & ce *blanc-seing*, que l'aveugle tendresse de son amant lui a remis. me prouve à quel excès elle est aimée !... Je n'y vois nul remede.... Et je perds l'espoir d'en trouver... Comment guérir, comment même attaquer cette espece de manie dans un jeune Souverain, qui ne l'envisage que comme une vertu? Qui, dès-là, méprisant toute espece d'obstacles, va trouver dans la générosité même de son cœur, des motifs assez spécieux pour opposer à la raison la raison même?.. Il faut pourtant qu'il céde.... Le testament exige, à la rigueur, son mariage avec *Constance*. Les partisans de la Princesse, outrés du refus de Tancréde, vont répandre par tout le trouble & la confusion. Ainsi, le sort d'un peuple entier, va dépendre de ce moment !... Mais.. j'entrevois un rayon d'espérance?... Oui !... Ce fatal papier pourroit encore sauver l'Etat?... Lorsque le but est honorable, avantageux pour la patrie; les moyens employés pour y parvenir, ne peuvent être ignobles ... (*En regardant le papier.*) Voici le nom du Roi.... Il ne s'agit que d'écrire audessus. en peu de mots, un plein consentement aux volontés de son prédécesseur.... Cet acte, lu dans l'assemblée des grands, à la face d'un peuple entier, devant *Constance* même, produira, sans qu'il ose s'y opposer, le salutaire effet que j'en attends.... Le sort en est jetté.... C'est ma perte que je prépare : mais c'est mon pays, c'est mon Roi que je sauve.... En périssant si noblement, j'aurai fait leur bonheur !... Le Comte *Osmond*, s'approche?... Et lui seul peut utilement me seconder.

SCENE II.

SIFFREDI, OSMOND.

OSMOND.

SEigneur, je sors de chez *Constance*.... Elle adhére au testament; & viendra déclarer au Sénat, qu'elle accepte la main de votre illustre pupille.... La subite apparition d'un Prince qui vient partager un trône qu'elle s'étoit flattée d'occuper seule, a paru d'abord la choquer. Mais la justice des dispositions du feu Roi, & tous les avantages que doit en retirer le bien public, ont calmé ces premiers mouvemens.... Je crois même avoir apperçu, que ce n'est pas le seul motif qui détermine la Princesse à se soumettre à l'alliance qu'on lui propose.

SIFFREDI.

En ce cas, noble Osmond, vous avez servi la patrie; elle vous doit toute sa reconnoissance.... Il faut vous l'avouer, Seigneur, cette preuve de la pureté de votre zele, dans un moment si critique; dans une circonstance où l'intérêt & l'ambition ont tant d'empire sur le cœur des grands : j'avouerai, dis-je, avec franchise, qu'un procédé si généreux me fait rougir d'avoir osé moins attendre de vous.

OSMOND.

O Siffrédi!... C'est à vous seul qu'est dû l'honneur d'avoir commencé ce grand ouvrage; & si j'avois manqué l'occasion d'y contribuer, je m'estimerois beaucoup moins. C'est à vous, sage Siffrédi, que les nombreux habitans de cette isle vont devoir leur tranquillité. C'est vous, dont les conseils ont suggéré ce judicieux testament.... Et combien n'ai-je pas à me reprocher, d'avoir si long-temps traversé les desseins du meilleur des hommes?... Oui! je me joins à vous, Seigneur; & ne connois désormais d'autres intérêts, que ceux de ma patrie... Votre amitié n'est pourtant pas le seul objet de mon ambition... Et tous mes vœux seroient remplis, si l'illustre Siffrédi me permettoit de l'appeller mon pere... La main de votre fille joindroit au bien public, tout ce qui peut contribuer à ma félicité particuliere!

SIFFREDI.

Ah, Seigneur! c'est avec joie, que mon cœur est d'accord avec le vôtre.... Et c'est avec transport, que j'embrasse l'illustre Osmond, comme mon fils, & comme mon ami!

OSMOND.

Je vous devrai tout mon bonheur! Et ce prompt consentement à des desirs que j'ai formés depuis long-temps, vous est un sûr garant de toute ma reconnoissance.

(*Plusieurs Officiers paroissent, dans le fond du Théatre.*)

UN OFFICIER, *à Siffrédi.*

Le Roi, Seigneur, est impatient de vous voir.

SIFFREDI.

(*A Osmond.*)

Je vous suis, à l'instant.... Adieu, Seigneur. Le Sénat va bientôt s'assembler; je compte, promptement, vous y rejoindre.

SCENE III.

OSMOND, *seul.*

Siffrédi m'accorde sa fille!... Mais, elle même y consent-elle?... Jeune, légere, objet des vœux de mille amans, (peut-être même, en secret engagée!) oubliera-t-elle, sans regret, la différence de mon âge au sien?... Osmond fut-il jamais formé pour les soupirs, pour tous les frivoles moyens qu'employent les vulgaires amans pour attendrir, pour séduire une femme, & la tromper presque toujours plus sûrement?... Puis-je, en ce cas, me flatter de plaire à Sigismonde?... Un pere raisonnable, chargé par la nature de guider, de déterminer le choix de sa fille, ne devroit l'accorder qu'à celui qui par la dignité des sentimens, & par un amour sans foiblesse, peut à jamais assurer le bonheur de son épouse; & non pas à ces esclaves, en apparence si soumis, que l'on voit bientôt après devenir de véritables tyrans.

SCENE IV.

OSMOND, *plusieurs Barons Siciliens.*

Il les félicite sur un évènement qui va rétablir la paix dans le Royaume, & les invite à venir rendre hommage à leur nouveau Souverain.

SCENE V.

Cette Scene, vraiment Angloise, & faite pour le peuple, se passe entre deux Officiers du palais & la canaille qui menace de forcer les portes, pour voir Tancréde.

SCENE VI.

Rodolphe, qui sort du Conseil, renvoye les deux Officiers. Le testament du feu Roi, vient [dit-il] d'être lu. Il doute que Tancréde y adhère. Ce jeune Prince a vû, de mauvais œil, Constance *partager le trône avec lui. Sigismonde, les yeux baignés de larmes, traverse le Théatre, ainsi que plusieurs autres personnages. Laure, qui apperçoit Rodolphe, quitte Sigismonde, & vient à lui.*

SCENE VII.

RODOLPHE, LAURE.

LAURE.

EH bien! cet ami si vanté, ce Roi dont vous auguriez si favorablement.... n'est donc plus qu'un perfide? L'esclave le plus vil eût montré plus de sentiment, ne se fut point laissé séduire avec autant de bassesse, par les artifices de l'ambition.... Lui! le fils de *Manfred*? C'est vouloir trop grossiérement nous en imposer : le fils de ce héros n'eût pû se résoudre à trahir des droits usurpés sur ses ayeux, sur-tout dans l'instant même où la fortune le mettoit à portée de les reclamer.... Et pourquoi, grand Dieu! pour qu'il lui fût permis de partager le rang suprême avec la fille d'un tyran!... D'un tyran, bourreau de son pere!

RODOLPHE.

Dans quel étonnement vous me jettez!... Prenez garde, ma sœur!... Vous faites injustice au Roi.

LAURE.

Non, mon frere.... Siffrédi vient de lire, de proclamer en plein Sénat, le consentement de Tancréde aux volontés de son prédécesseur... Il a pourtant rougi d'avoir eu pour témoin de son infamie la triste Sigismonde. Je l'ai vû prête à succomber à sa douleur, bien moins encore qu'à la honte que lui causoit la lâcheté de son amant.... Il a remis le Conseil à demain. C'est à demain qu'il a remis son couronnement odieux.... Peignez-vous Sigismonde, triste témoin du triomphe de sa rivale, & des acclamations de tout un peuple!... Trop malheureuse amante! à peine a-t-elle eû le courage de retourner chez-elle, où tout ne peut qu'ajouter encore à sa douleur.... Mais Tancréde s'approche?... Adieu.... Je ne saurois supporter sa vue.

SCENE VIII.

TANCREDE, SIFFREDI, RODOLPHE.

TANCREDE, *à Siffrédi.*

Fuis, vieux traître! Fuis, loin de moi.... Vous, Rodolphe, courez : que nul n'approche de ces lieux; que tous les passages en soient fermés.... Défendez-moi d'une foule odieuse, qui conspire à la fois contre mon repos & contre mon honneur.... Allez; j'attends ici votre retour.... (*A Siffrédi.*) Quoi! je te vois encore?... Quoi! Tu m'oses encore braver?... Outrage, sans exemple!... Ah, ciel! jamais un Roi, jamais un homme a-t-il été plus mortellement offensé?

SIFFREDI.

(*Il s'approche du Roi, en mettant le doigt sur son propre cœur.*)

Frappez, Seigneur.... Frappez ici.... Je ne mérite point de grace.

TANCREDE.

O mon ame!... ô raison! conserve encore, s'il se peut, ton empire.... Cette barbare insulte est trop pénible à soutenir.

SIFFREDI.

Exterminez le coupable.... Il est votre sujet.

TANCREDE.

Toute autre offense, auroit pû m'être supportable... Mais celle-ci; mais cette froide audace, me confond!.. & me perce le cœur.

SIFFREDI.

Vengez-la donc, Seigneur.... Eteignez dans mon sang un ressentiment légitime.

TANCREDE.

Jamais tyran se montra-t-il plus odieux que moi?... L'esclave le plus vil, le plus rampant sur la surface de la terre, le plus destitué des secours que la nature accorde à ses enfans, a du moins ses vertus à lui; conserve, s'il le veut, le trésor sacré d'un cœur honnête.... Et tu m'en as privé!... Ta criminelle main, ton infâme supercherie, n'a pas craint de m'exposer aux plus odieux des reproches?...

SIFFREDI.

Non, Seigneur, je ne l'ai pas craint.... Que dis je?... Oui!... Je crois mon crime glorieux, s'il peut servir à sauver votre gloire.

TANCREDE.

Ma gloire?... Quelle gloire, grand Dieu!... Quoi, lâche? Abuser de mon nom, pour couvrir un forfait horrible! d'un nom, que je livrois comme le gage & le garant le plus sacré de la tendresse la plus pure!... Avoir osé faire servir ce nom, pour couvrir un mensonge atroce, un manquement de foi qui déshonore pour jamais ton Souverain?... Apprends, cruel, que de tels pieges ne sont faits que pour des ames méprisables, ou stupides.... Te serois-tu flatté du vain espoir, d'intimider Tancréde?.. Vas, malheureux, tu n'as fait que l'affermir d'autant plus dans ses desseins.... Qui, moi! J'épouserois *Constance*? J'épouserois la fille d'un tyran dont la main égorgea mon pere?... Avant que les flambeaux d'hymen soient allumés, pour ces affreuses nôces; tu verras la Sicile en cendre; son Souverain enseveli sur les débris du trône.... Laissons même, à part, l'amour... C'est l'honneur seul, que je dois écouter. Malgré tes vains efforts, malgré l'Etat contre moi conjuré; je brise, d'un seul mot; j'anéantis ton fatal testament; je maintiendrai mes droits; je défendrai la liberté d'un cœur aussi tendre que fidele; je ferai mordre la poussiere à quiconque osera mettre le moindre obstacle à mes desseins.... Je te perdrai, toi-même.

SIFFREDI.

Soyez juſte, Seigneur : épuiſez ſur moi votre rage. Mais vos ſujets ſont innocens.... Ne les menacez point.

TANCREDE.

Quoi ! je ſerois réduit aux derniers degrés de l'opprobre, & je craindrois de m'en venger ?... Qui donc arrêteroit mon bras ? Qui, l'oſeroit ?... Qui, téméraire vieillard ?

SIFFREDI.

Vous.... Vous-même, Seigneur.

TANCREDE.

Moi ?... Ce comble d'inſolence ſuffiroit ſeul, pour me faire oublier que tu fus... Ah, malheureux !.. Crains ma fureur, te dis-je ?...

SIFFREDI.

Je ſens qu'il faut qu'elle ait ſon cours.... (*En ſe rapprochant de lui.*) Qu'elle tombe, Seigneur ; & puiſſe-t-elle s'épuiſer ſur ma tête, & ſur ces cheveux blancs conſacrés de tout temps & vieillis à votre ſervice. Mais enſuite, il faudra m'entendre.... Que dis-je, il le faudra ? Je dis bien plus ; vous le voudrez. Vous entendrez la redoutable voix de la raiſon ; vous ſentirez que le repos, que le ſalut d'un peuple entier (dût mon Tancréde être ſeul juge entre ce peuple & lui,) doit l'emporter ſur ſa félicité particuliere. Vous ſentirez, Seigneur, qu'il eſt d'autres devoirs, une gloire beaucoup plus noble, une félicité ſupérieure, qui vous forceront d'approuver tout ce que le bien de l'État exigeoit de la pureté de mon zele. La juſtice ordinaire, je l'avouerai, pourroit me condamner : mais la néceſſité, ce tyran de la vertu même, vous trouvera ſenſible & me juſtifiera dans votre eſprit. Ce premier tumulte des ſens, une fois appaiſé ; je vous verrai, Seigneur, regarder l'amour d'un œil plus reſléchi ; l'enviſager comme une paſſion vulgaire ; comme une efferveſcence de votre âge.... Je verrai bientôt, dans Tancrede, un Monarque digne de l'être.... Et l'ami de ſon peuple !

TANCREDE.

Mots frivoles, cruel! Termes dont l'éloquence fait abuser, pour pallier le plus noir des forfaits.... Un Monarque, dis-tu?... oui, barbare, je prétends l'être, & ne veux point être un esclave... C'est en défendant mes propres droits, les droits qui me sont les plus chers, que je prétends prouver à mes sujets avec quelle vivacité je défendrai les leurs.... Mais toi même, audacieux sujet; est-ce en Roi, que tu m'as traité? Si j'étois insensible à des outrages de ce genre, me croirois-tu fait pour regner?... Je suis, dis tu, l'héritier de *Manfred?* Et je démentirois mon sang! J'oublierois les principes d'honneur, les sentimens que toi-même m'as inspirés?... (*D'un ton plus adouci.*) O Siffrédi! l'as-tu pû croire?

SIFFREDI.

O mon Roi!... O mon cher Tancréde! Jette les yeux sur ton vieux & fidele serviteur.... Jette les yeux sur un ami, dont les soins les plus précieux ont été ceux de former ton enfance; dont l'espoir le plus cher fut de te voir un jour vertueux; qui, pour ta gloire seule, a cru devoir sacrifier tout ce que l'intérêt de sa maison lui promettoit de plus flatteur; s'est entiérement détaché de tout ce qu'un vrai pere, par amour-propre, ou par cupidité, eût peut-être acquis par le crime, ou par la trahison la moins dangereuse?... Voyez ce prétendu criminel; regardez-le, à vos pieds, affoibli par le poids de l'âge, vous supplier, vous conjurer d'opposer une digue à l'emportement de votre passion; de vous sauver vous-même & votre peuple! Voyez à vos genoux cette foule innombrable d'infortunés confiés à vos soins! Regardez-les tremblans & gémissans aux pieds de leur Monarque, implorant à grands cris votre secours contre la misere & la guerre, contre tous les excès, les ravages & les horreurs qu'elle traîne à sa suite!... Se pourroit-il, grand Dieu! que l'intérêt particulier, que la félicité personnelle, pût balancer de si puissans, de si intéressans objets?... Qu'une passion, que l'on peut appeller frivole!) que l'amour, en un mot?.. (*En arrêtant Tancrède.*) Ne fuyez point, Seigneur? il faut m'entendre.... Eh, quoi! Ne trouverai-je aucun accès dans votre cœur? N'y trouverai-je point l'endroit sensible que j'y cherche, au nom de ces sujets infortunés, auxquels s'unit la voix même du ciel?

TANCREDE.

Arrête!... Hélas! Tu ne l'as que trop bien trouvée... Leve-toi, Siffrédi.... Ah, malheureux! tu m'as perdu.... Par-tout où je porte les yeux, le déshonneur & l'avilissement s'offre à mes regards!.. Est-ce dans ce dessein, que tu pris tant de soin de ma jeunesse? de m'inspirer ces sentimens si délicats, si recherchés, que ne connut jamais le vulgaire des humains, mille fois plus heureux que moi, dans sa stupide insensibilité?... A quoi pensoit ta funeste prudence?... Ah, Siffrédi! c'est ta froide sagesse, qui m'a plongé dans ce labyrinte d'erreurs!... (*A part.*) Soyons ferme, pourtant.... Songeons que sans vertus particulieres, il n'en peut être de publiques.... (*Haut.*) Ecoutez-moi, maintenant, Siffrédi.... Il n'est qu'un seul moyen qui puisse tous deux nous sauver.... Rassemblez, demain, le Sénat; dévoilez-lui tout cet affreux mystere; excusez-vous de votre mieux; employez-y toute votre éloquence; épuisez tout votre crédit pour me débarrasser du piége aussi fatal que ténébreux que votre zele indiscret m'a tendu... (*En voyant que Siffrédi s'apprête à parler.*) Garde-toi, de me repliquer!... Plus d'amitié, pour peu que tu balances!... J'en romps, j'en brise, à l'instant tous les nœuds; & ne vois plus en toi.... qu'un traître.

SIFFREDI.

J'en pourrois mériter le nom, j'en pourrois mériter le sort.... Si je démentois mes principes.

TANCREDE, *furieux.*

Prends garde! dis-je?

SIFFREDI.

Non, Seigneur! Non, mon maître! Il ne faut pas vous

vous en flatter.... Quoique blanchi dans les usages de la cour, je ne suis point assez bon courtisan, pour plier mon obéissance au gré de chaque passion.... Je respecte mon Roi!... Mais je respecte encore plus mon devoir.

TANCREDE.

Songe, cependant, que je le veux.

SIFFREDI.

Seigneur.... Je ne puis le vouloir.

TANCREDE.

Fuis donc! évite ma présence.... Viens, cher Rodolphe?... Sauve-moi de ce traître.... (*A Siffrédi.*) Fuis, dis je?... Si tu n'étois le pere du seul objet de tous mes vœux, ton Roi seroit déja vengé.... Ne me replique pas.... (*Avec fureur.*) Vas-t-en.

SCENE IX.

Tancréde acheve d'exhaler son ressentiment contre Siffrédi. Il peint à Rodolphe toute l'horreur de sa situation, lorsqu'il s'est apperçu que Siffrédi avoit écrit au-dessus du blanc-seing confié à sa fille, un plein consentement, aux volontés du feu Roi; & sur-tout lorsque ce funeste acquiescement avoit été lu hautement dans le Conseil.... Qu'a dû penser de lui la malheureuse Sigismonde? Un coup d'œil de cette tendre amante a suffi pour lui percer le cœur & le mettre hors d'état d'ouvrir la bouche pour démentir Siffrédi, & démasquer son imposture. Il s'en fait les plus grands reproches, & s'affermit dans le dessein de montrer bientôt Tancréde au Sénat plus digne du haut rang où vient de l'appeller la fortune. Il finit par prier Rodolphe d'engager Laure à remettre à Sigismonde un billet de sa part, par lequel il projette de lui demander une entrevue pour le soir même.

Fin du second Acte.

ACTE III.

SCENE PREMIERE.

SIGISMONDE, *seule, assise, & plongée dans la douleur.*

AH, parjure! Ah tyran!... Vraiment barbare, en trompant si cruellement ton amante!... Hélas, quand ce matin même, instruite de ton sort, tu m'as vû craindre celui qui m'attendoit; tu m'as vû prête à m'immoler moi-même, à sacrifier ma tendresse au rang suprême où tu montois, à t'affranchir enfin de tes sermens... (Quel sacrifice je faisois, & qu'il coûtoit cher à mon cœur!) Pourquoi, cruel; pourquoi ne m'avoir pas avoué, combien mes craintes étoient justes? Pourquoi n'es-tu point convenu de l'austérité des devoirs que t'imposoit le trône?... Puisqu'il falloit nous séparer, que t'en eût-il coûté d'adoucir du moins nos adieux? J'aurois senti tout mon malheur, sans doute! Mais mon malheur seroit moins grand.... A travers mes regrets, j'aurois du moins la consolation de rappeller avec quelque plaisir, le souvenir de ton amour; ta chere image occuperoit mon ame toute entiere, & nos innocentes douleurs auroient encore quelques charmes pour nous.... Mais, sans regrets, & de sang froid, trahir ainsi l'objet de sa tendresse!... Comment un cœur peut-il changer jusqu'à ce point? Devient-il cruel, en un jour?... Quelle ivresse de vanité, t'a pû rendre insensible au point de me voir succomber sous le poids de ma honte... & de n'en être point touché? Toi, que j'ai toujours vû si tendre! Toi, dont mes plus légers ennuis affectoient l'ame toute entiere, & qui sembloit ne vivre que par moi!... Mais, où m'emporte ma douleur? je t'offense, sans doute?... Non! je ne saurois le penser; non! tu n'as pû t'égarer au point d'avoir conçu l'idée de jouir de mon opprobre.... (*Après un moment de silence.*) Mais pourquoi cherche-je à irriter de plus en plus ma peine? L'amour chez lui, sans doute, n'a pû tenir contre l'ambition.... Non! jamais homme ne fut constant, si mon Tancréde est infidele... (*Elle se leve, avec vivacité.*) Fuyons loin de ces lieux: rien n'y peut frapper mes regards, qui ne me rappelle un parjure.... Mais j'apperçois mon pere.... Ciel!.. dans l'état où je suis, que je redoute sa présence!

SCENE II.

SIGISMONDE, SIFFREDI.

SIFFREDI.

Ô Sigismonde! ô mon enfant! Que je gémis de votre douleur.... J'en sai la cause; & ne saurois la condamner.... Allons, ma fille, rappellez tout votre courage; rappellez-vous ce que vous êtes; ne regardez l'amour, que comme un rêve.... Et montrez-vous fille de Siffrédi.

SIGISMONDE.

Ah, Dieu! Suis-je encore digne de ce nom?

SIFFREDI.

J'aurois à me plaindre de vous, ma fille.... Il falloit mon aveu, pour engager jusqu'à ce point votre cœur... Je puis pourtant encore vous pardonner: Tancréde a des vertus; & peut-être ai-je eu tort moi-même, de vous avoir trop exposée à remarquer des qualités si dangereuses. Ne craignez donc point mes reproches;

votre pere a pour vous, plus de pitié que de ressentiment; & si vous reprenez l'empire qu'une louable vanité doit vous donner sur votre cœur; s'il se montre supérieur à cette épreuve; je vous rends tous les droits que vous aviez à mon estime; & (s'il se peut!) vous m'en serez plus chere encore.

SIGISMONDE.

Ah, Seigneur! vous êtes plus tendre, & plus compatissant que votre fille ne mérite. C'est, le plus cher objet de mon ambition, que d'obéir à vos suprêmes loix; & quoique par l'amour aveuglée, j'aie peut-être osé transgresser les bornes délicates du devoir; je sens pourtant s'élever dans mon cœur un sentiment si vif... si digne, en un mot, d'être offert au plus tendre des peres; que dussent vos desirs être suivis de mon trépas; j'obéirai, Seigneur.... Et ma soumission vous prouvera, combien je vous suis aveuglément asservie.

SIFFREDI, *avec transport.*

Viens! vole dans mes bras.... Viens, seul espoir, & seul soutien de ma vieillesse! Viens embrasser ton pere, viens puiser dans mon sein ce qu'il peut encore te manquer pour persister dans de si nobles sentimens!... (*Il l'embrasse, tendrement.*) Ainsi, tu promets donc de m'obéir?... Tu vois pourtant ton pere balancer, & craindre encore de te déclarer ce qu'il exige de sa fille!..) Ainsi, tu promets donc, de renoncer à de trop vaines, & trop présomptueuses espérances?

SIGISMONDE.

Eh! quel espoir pourrois-je encore nourrir?... Ce jour fatal, m'en laisse-t-il seulement l'ombre?... Mais, d'obtenir sur mon sincere & trop sensible cœur assez d'empire pour n'y pas conserver le souvenir d'une tendresse qui faisoit toute ma félicité... C'est beaucoup plus, que je ne puis promettre!

SIFFREDI.

Va, l'absence, & le temps, (ce destructeur imperceptible des passions) te feront triompher de ta foiblesse... En attendant, je compte assez sur toi, j'espere assez de ta vertu, pour en attendre un généreux effort... Ciel! j'attends tes sanglots?... Voudrois tu voir rougir ton pere? Voudrois-tu lui voir reprocher, que sa fille fut assez foible pour persister dans la chimérique & ridicule espérance qu'un Roi pût la préférer à ce qu'il doit à ses sujets, à sa couronne, à lui-même?... Que dis-je! voudrois-tu, consentirois-tu que pour toi, la *Sicile* fût malheureuse? Que pour être fidéle amant, ton Roi devint indigne de regner?... Léve la tête, mon enfant! sens & connois, tout ce que tu dois être! Rends-toi digne de la leçon que ton amant, du haut du trône même, vient si glorieusement de te donner.

SIGISMONDE, *avec vivacité.*

Ah, Seigneur! ce n'est pas la vertu qui, dans ce moment, l'inspiroit.... S'il en étoit ainsi, vous me verriez imiter son exemple. Vous me verriez obéir à mon pere, & me résigner à mon sort.... Mais quand, ce matin même, après avoir pressenti mon malheur, j'avois soumis, j'avois sacrifié mon funeste amour au devoir; mais quand, ce matin même, j'ai vû ce Prince, en blâmant mes terreurs, ranimer, rehausser plus que jamais mes espérances.... Me voir, (une heure après!) aussi cruellement trahie.... C'est-là, Seigneur; c'est là, ce qui m'accable! c'est ce coup de foudre imprévu, qui m'est, & me sera toujours présent.... Ah, mon pere! Ah, Seigneur! pourquoi m'avoir forcée d'être présente à cet affreux spectacle?

SIFFREDI.

Pour faire naître dans ton cœur tous les sentimens, que je desire d'y trouver.

SIGISMONDE.

Qu'entends-je?... Ah, ciel! C'étoit donc un complot déja formé?... Eh bien, sans l'imiter, je prétends faire plus que lui... Car, Tancréde, en ce cas, n'est qu'un perfide.... Et moi, quoique avec le cœur encore rempli de la plus vive passion que jamais femme ait ressentie; je jure, à la face du ciel; je promets & jure à mon pere, (malgré mon cœur, qui veut encore me démentir!) que je renonce à l'espoir d'être à lui.... Qu'exigez-vous de plus Seigneur?

SIFFREDI.

Une seule promesse, mon enfant.... Quoique ton innocence & ta vertu, te justifient auprès de moi; nous ne vivons pas pour nous seuls; de rigoureux égards nous assujettissent au monde: les plus puissans, les Souverains même y sont soumis!... Dès-là, ce monde attend de toi, de mon honneur, & du tien même, une démarche nécessaire; une démarche assez marquée pour lui prouver, ainsi qu'à ton amant, que ton cœur a brisé la chaîne dont lui-même s'est dégagé.... Il faut reprendre l'orgueil de ton sexe, montrer la dignité de ta naissance, prouver à l'Univers que tu peux ainsi que Tancréde (& bien plus glorieusement encore!) sacrifier au bien public, une frivole passion, qui pourroit nuire au repos de l'Etat... Il faut, sur-tout, déraciner, & pour jamais du cœur du Roi, jusqu'à l'ombre même de l'espérance; ne te rappeller désormais le souvenir de son amour, que comme celui d'une injure, & d'un affront qu'il t'avoit préparé.... Tu me le dois; tu te le dois, ma fille!... Et pour y parvenir, il ne te reste qu'un moyen.... C'est de prendre un époux, dont la naissance & les vertus connues te mettent à l'abri des soupçons que pourroient encore former contre toi, ceux de nos citoyens qui peuvent être instruits de ta foiblesse.

SIGISMONDE, *effrayée.*

Seigneur, que me proposez-vous?

SIFFREDI.

Un homme illustre, du plus haut rang, respectable par son mérite; enfin digne de toi.... (Point de sanglots: écoute moi, ma fille....) Le noble Osmond, te dis-je, aspire à se voir ton époux.

SIGISMONDE.

Ah, Seigneur!... Ah, mon pere!...

SIFFREDI.

Pour te prouver que je le suis : ma parole est donnée.... Il faut, aujourd'hui la remplir.

SIGISMONDE, *tombant à ses pieds.*

Mes bras tremblans embrassent vos genoux!... Ah, si vous aimez votre fille; si mon enfance a mérité votre tendresse; si le souvenir de ma mere a quelques droits sur votre cœur.... Ah! sauvez-moi du sort le plus affreux; n'outragez pas jusqu'à ce point un cœur déja trop accablé! la nature, l'humanité, l'équité même, Seigneur, vous parlent par ma voix.... Ne pas choisir, sans vous consulter, est sans doute un devoir pour moi. Mais, au fond, mon choix en est-il moins libre? N'est-ce pas le droit du plus vil esclave? Et rien peut-il le lui ravir?... Pourrois-je, sans rougir, Seigneur; pourrois-je, sans remords, livrer ma main à mon époux, sans lui livrer, en même temps, mon cœur? Ne seroit-ce pas le tromper? Me rendre coupable envers lui de l'injure la plus sanglante & la moins pardonnable?... Non, Seigneur, ne m'en parlez plus, ou je vais mourir à vos pieds!... Souffrez que loin du monde & de la cour, j'aille remplir en paix ma malheureuse destinée... Mais ma demande vous irrite?... Hélas! vous pouvez me la refuser.... Mais, Seigneur; mais, mon pere, accordez-moi, du moins, du temps!... Je ferai tout, tout ce que je pourrai, pour plaire au plus digne des peres.... (*En lui prenant les mains.*) Et ces pleurs que je vois couler, me prouvent toute sa tendresse.

SIFFREDI, *en voulant la relever.*

Ma fille... Vous en abusez.

SIGISMONDE.

Non!... Je ne veux que vous fléchir.

SIFFREDI.

Levez-vous, Sigismonde.... Quoique vous ébranliez, que vous attendrissiez mon cœur; rien ne sauroit me faire révoquer une promesse, que le devoir, l'honneur, & la raison même ont dictée.... Si les liens de l'amour filial, sont encore sacrés pour vous, préparez-vous, ma fille, à recevoir le Comte Osmond, comme son rang, le choix de votre pere, & le titre de votre époux, ont droit de l'exiger.... Je vous l'amene, dans l'instant.

SIGISMONDE, *en l'arrêtant.*

Grace! grace, mon pere!... Ayez pitié de votre enfant.

SIFFREDI, *à part.*

La nature va me trahir.... Fuyons.... (*Haut, & les mains levées au ciel.*) Accordez-nous, grand Dieu! cette fermeté d'ame nécessaire pour n'écouter que la voix du devoir, & non celle des passions.... Laissez-moi, mon enfant.

SIGISMONDE, *en le retenant.*

Non, Seigneur!... Non, mon pere, je ne le puis!

SIFFREDI, *en appellant.*

Venez, Laure?... Approchez.... (*A Sigismonde.*) Je vous laisse avec votre amie.... [*A Laure.*] Montrez-vous digne de ce titre; combattez sa foiblesse; partagez & faites tarir ses pleurs; tâchez enfin, de la ramener au devoir.... & [s'il se peut!] de lui faire aimer.

SCENE III.

SIGISMONDE, LAURE.

L'infortunée Sigismonde *se livre à tout son désespoir. Laure tente en vain, en tâchant de piquer son amour-propre, de l'irriter contre* Tancréde. Sigismonde *ne peut se persuader qu'il soit en effet si coupable. Il va pourtant épouser* Constance, [*lui dit* Laure.] *Après son acquiescement public aux volontés du feu Roi, croyez-vous qu'il soit encore en son pouvoir de se dé-*

dire?... Quelle honte pour vous!... Quoi, Tancréde *vous aura trahie, vous aura quittée indignement; & vous n'aurez pas le courage de vous en venger?... Et votre pere; ce pere que vous prétendez aimer, partagera donc votre opprobre?...*

Sigismonde, *après un long combat, se détermine à imiter* Tancréde, *qu'elle compte punir cruellement, en consentant d'epouser* Osmond, *qu'elle sait lui être odieux.*

SCENE IV.

SIGISMONDE, LAURE, SIFFREDI, OSMOND.

SIFFREDI.

C'Est le noble Osmond, ma fille; c'est mon ami, qui n'aspire qu'après l'instant de recevoir ta main, & que je me ferai gloire d'appeller mon fils.... C'est lui qui se présente à toi. Et ma félicité sera complette, si par cette alliance, ton bonheur devient aussi grand que ton pere le desire!

OSMOND.

Ne croyez point, Madame, que le consentement de votre pere suffise pour me rendre heureux. Mon cœur préférera toujours le bonheur de Sigismonde au mien même, & cherchera tous les moyens de vous le procurer.... Et dans ce cas, serai-je assez heureux pour oser me flatter que votre cœur ne désapprouve pas les bontés qu'a pour moi votre pere?

SIGISMONDE.

Seigneur.... je suis sa fille.... Mon cœur, n'a point de volonté... Laure, soutenez moi... (*Elle s'évanouit.*)

SIFFREDI, *effrayé.*

Laure, secourez votre amie!... Remenez-la, dans

ſon appartement.... O ma fille!... (*A Oſmond.*) Pardon, Seigneur!... Cet accident m'allarme.... Et dans l'inſtant, je ſuis à vous.

SCENE V.

OSMOND, *ſeul.*

QUe dois-je penſer de ceci?...Quel augure en puis-je tirer?... Me hait-elle, juſqu'à ce point?... En aime-t-elle un autre?... Je ne l'ai déja que trop craint!... Tancréde, eſt jeune.... aimable.... Ils furent élevés enſemble.... Mais non, cela ne ſauroit être; il conſent d'épouſer *Conſtance :* & la couronne eſt le prix de cette union.... S'ils s'aimoient, en effet; ce vieux Magiſtrat ſeroit-il homme à préférer un ſujet à ſon Roi?... J'eſtime ſa vertu.... Je dis plus; & j'y compte autant qu'il eſt poſſible de compter ſur les vertus du ſiecle... Mais, s'il eût dépendu de lui de voir ſa fille ſur le trône; quel appas glorieux, pour un homme de cette eſpece!.. Et cependant, que veut dire ceci?... Que m'importe, après tout? Mon honneur & ma dignité exigent ſeulement que mon alliance acceptée & conclue, ne ſoit pas dédaignée par elle.... D'ailleurs, Sigiſmonde m'eſt chere. Je ne ſentis jamais ſi fortement à quel point elle m'intéreſſoit.... Quelle femme, en effet, a jamais été plus charmante, eut plus de modeſtie & de douceur, unit en un mot tant de graces à des qualités ſi brillantes?... Oui; ç'en eſt fait, je prétends l'obtenir.... Si ſon cœur ſe refuſe à mes vœux; ſon devoir & mes ſoins, ne tarderont pas à la vaincre ... L'homme ſenſé, ne viſe point à dérober un cœur; il cherche à le gagner, à l'amener par degrés à ſon but.

Fin du troiſieme Acte.

ACTE IV.

Le Théatre représente les jardins du Palais de Siffredi.

SCENE PREMIERE.

SIGISMONDE, LAURE.

SIGISMONDE, *une lettre à la main.*

C'En eſt donc fait.... Je ſuis eſclave!... Le ferment fatal eſt ſorti de ma bouche.... Et rien ne peut le révoquer!... J'ai cru, dans cet affreux moment, voir les tombeaux, & le temple & l'autel obſcurcis d'un épais nuage, frémir & s'écrouler ſur moi!... Et tu m'offres encore un nouveau ſupplice, ô Tancréde!.. Ah, cruel! ceſſe du moins de perſécuter ta victime; ceſſe de m'envier, dans mon malheur, une apparence de tranquillité, dont je ne jouirai jamais.... Mais comment ſe peut-il que Laure conſpire auſſi contre le repos que je voudrois trouver?... Qui vous a donc forcée de vous charger de cette lettre?... [*En la lui rendant.*] Hâtez-vous de la rendre à celui qui vous l'a remiſe.... Epargnez-moi de nouveaux tourmens.

LAURE.

C'eſt mon frere, Madame; c'eſt Rodolphe qui, tout en larmes, m'a conjuré de rendre ce dernier ſervice au Roi... Ce Prince n'eſt (dit-il,) que malheureux; & ſon état eſt digne de pitié!.. Que riſquez-vous de voir comment il prétend s'excuſer?... [*En lui préſentant la lettre.*]

SIGISMONDE.

Non; l'épouſe d'Oſmond ne doit rien recevoir du Roi; & doit tout redouter d'une main ſi contagieuſe.

LAURE.

Rodolphe me le peint dans le plus affreux déſeſpoir... Il expire, (dit il) s'il ne peut obtenir de vous voir.

SIGISMONDE, *avec dignité.*

Gardez-vous de m'en parler davantage.

LAURE.

Je vous rends compte uniquement de ce que m'a dit mon frere.... On parle même ſourdement, [dit-il] de certain complot obſcur, qui nous a tous trompés.... Et j'allois en apprendre davantage, lorſque votre pere & votre époux, tous les deux mandés par *Conſtance*, ont appellé mon frere.

SIGISMONDE.

Un complot, dites-vous?... Jamais femme, je le preſſens, ne fut plus que moi deſtinée à l'infortune!... Il faut ſubir ſon ſort.... Donne-moi la lettre.... C'eſt un malheur de moins, que de n'être plus dans le doute... Hélas! étoit-ce avec de tels frémiſſemens, avec ces ſerremens de cœur, que j'ouvrois ces jours paſſés les lettres de ce jeune Prince ?.. (*A Laure.*) Mon œil ſe trouble.... Lis toi-même.

LAURE, *lit.*

Ah, chere Sigiſmonde*! délivrez-moi de toutes les horreurs que peut ſouffrir un cœur auſſi tendre que fidéle.... Eſt-il un plus affreux ſupplice que celui d'être regardé comme coupable par celle dont l'eſtime ajoute encore de nouveaux charmes à la vertu? Ce qu'exigeoit ma ſituation, ce que vous croyez perfidie, ne fut uniquement cauſé que par l'excès de mon amour : j'ai crû devoir, pour un inſtant, lui ſacrifier l'honneur même!.. Tous les momens qui retarderont notre entrevue, ſont autant de traits qui vont percer un cœur qui vous adore, & bien plus à plaindre cent fois, que s'il étoit* *plus criminel. Souffrez donc que je vous conjure de m'attendre, vers le déclin du jour, dans le jardin ! je vous y dévoilerai tout le mystere de mon malheur.... Ciel ! avec quelle inhumanité l'on nous a trompés tous les deux.... Et par ce papier même qui vous étoit donné comme le gage le plus sacré de ma tendresse !... Et qui vous assuroit à jamais du cœur, ainsi que de la main de votre fidéle* Tancréde.

SIGISMONDE.

Le voilà donc enfin connu, cet horrible secret !... Et j'en pressens, avec effroi, toutes les suites... Ce funeste papier, que le devoir me prescrivoit de remettre à mon pere.... & dont ce pere même a cru peut-être.... Ah ! je n'ose y penser ... ô tendre & généreux Tancréde ! épargne-moi, ne me dévoile pas cette cruelle vérité que je redoute : laisse-moi plutôt, pour jamais ; oui ! pour jamais dans mon erreur.... Que mon infortune est étrange ! je suis réduite au point de souhaiter que mon amant soit un perfide.... Ciel ! pourquoi m'être tant pressée ?... N'aurois-je pas dû demander un délai, sinon d'un jour, du moins de quelques heures ? Le devoir y répugnoit-il ?... ô Tancréde ! jusqu'à ce jour, avois-je douté de ta foi ? Ton tendre amour avoit-il pû m'être suspect ? Et tout en toi, n'étoit-il pas vertu ?... Et c'est moi, c'est moi-même qui te ravis l'unique bien qui pouvoit faire ton bonheur ? L'unique bien qui te faisoit chérir la vie ?... Un instant de dépit, renverse & détruit ta félicité ! Et c'est à moi que tu pourras le reprocher !... Froide prudence du vieil âge, toujours peu susceptible de pitié !... Pourquoi faut-il (ô barbares parens !) que le bonheur de vos enfans vous y trouve toujours contraires ?... J'ai donc été trahie ?... Et Laure même ?... Ah, cieux !

LAURE.

Eh, quel autre peut-il accuser de vous avoir trahie ? Peut-il, après ce qu'il a fait, n'être point faux, ou du moins sans courage ? Moins il rend son amour suspect, plus il confirme cette idée.... Quoi, Madame, peut-on penser qu'un jeune Roi, qu'anime l'amour & l'honneur, ait pû se voir tromper, insulter sur le trône même, se montrer sensible à cet outrage, sans en punir le téméraire auteur?... Tant de foiblesse, égaleroit la perfidie.

SIGISMONDE.

Arrête!... Nous n'avons déja que trop aveuglément jugé. Ce qui s'offre à nos yeux comme frivole, ou comme indifférent, souvent décide de nos destinées... Oui! je commence à présager un avenir qui m'épouvante! la source de mes maux, est dans mon cœur; & rien ne pourra m'y soustraire.... La plainte même, est maintenant un opprobre pour moi... Dès-là, je me refuse, (oui! je le dois, & ma fermeté m'en réponds) je me refuse à toute espece d'entrevue, à toute espece d'éclaircissemens, sur cet horrible & ténébreux mystere; je fuis, loin de Palerme, & vais chercher l'obscurité d'une profonde solitude.... Là, toute entiere à mes ennuis, je remplirai mon sort, sans que ma douleur même puisse la reprocher au plus infortuné des peres.... Adieu, Laure.... Ne me suivez point.

LAURE.

Ah, Madame!... Voici le Roi.

SIGISMONDE, *effrayée.*

Dieu! comment l'éviter?... Mais non.... Restons.... Je veux le voir, pour la derniere fois.... [*A Laure.*] Qu'on me laisse.

SCENE II.

SIGISMONDE, TANCREDE.

TANCREDE.

AH! mon supplice est-il enfin fini?... Divine Sigismonde! (*Il tombe à ses genoux.*) Avec quels transports!...

SIGISMONDE.

Seigneur, que faites-vous ?... Mon Souverain, doit-il être à mes pieds ?

TANCREDE.

Ah ! laisse-moi baiser la terre où tes pas sont tracés. Que mon ame s'exhale dans les plus doux, les plus tendres transports ; puisqu'enfin je revois, puisque je serre dans mes bras ma Sigismonde !... [*Il se réleve brusquement.*] Mais que m'annoncent tes regards ?.. Ingrate ! se peut-il que tu pus me croire infidele ? Que ton ame ait pû jusqu'à ce point insulter à l'amour ?... Ciel ! que j'aurois de reproches à te faire.... Quoi, Tancréde eût été dégradé dans ton esprit !... Après ce qu'il a fait pour prévenir chez toi jusqu'à l'ombre même du soupçon ?

SIGISMONDE.

Qu'entends-je ?... N'ai-je pas vû ? N'ai je pas entendu tout ce qui s'est passé dans le Sénat ? Votre consentement aux intentions du feu Roi ? Le triomphe de ma rivale ?... (*D'un air froid.*) Seigneur, je ne saurois qu'y applaudir. Celui que le ciel a choisi pour gouverner un grand Etat, doit savoir soumettre son cœur aux loix de l'austere raison.... Ma vanité que vous aviez flattée, méritoit sans doute d'être ainsi punie.... Pouvois-je, sans extravagance, me promettre de balancer dans le cœur d'un grand Roi, sa gloire, son repos, & le bonheur d'un peuple entier ?

TANCREDE, *affectant la même froideur.*

Continuez, Madame ; & sur-tout, ne dissimulez rien. Vos reproches, dans cet instant, flattent sensiblement mon ame.... Mais c'est trop me contraindre.... Non ! cher & digne objet de tous mes vœux ! Non, ton amant ne t'aima jamais plus que dans ce douloureux, dans ce cruel moment, où tu l'imaginois perfide !... C'est ton pere, ma Sigismonde ; c'est ton pere qui m'a trompé !... C'est lui, dont la main téméraire n'a pas craint d'inscrire au-dessus de mon nom, sur le papier que je t'avois remis, ce lâche & flétrissant consentement, que Sigismonde me reproche.... Ah! s'il n'eût pas été ton pere! qui l'eût pû dérober?... Mais que vois-je?... Tu trembles!... Tu pâlis!..

SIGISMONDE.

O Tancréde!... Ecartez-vous.... Laissez-moi.

TANCREDE.

Que je te laisse? Moi!... Jamais, cruelle! à moins que ta bouche adorable ne me jure, comme autrefois, d'aimer toujours Tancréde... Sans toi, je renonce à moi-même, à mes amis, à la couronne, à l'Univers... Eh, quoi? Tu retires ta main!

SIGISMONDE.

Oubliez-la, Seigneur.... Elle ne peut désormais.... être unie à la vôtre!

TANCREDE.

Ah, barbare, Que dites-vous?... Mais ce discours, mais ces regards, & ces frémissemens, semblent tout-à-coup m'annoncer de nouveaux malheurs.... Ah, Dieu! se pourroit-il?... Mais non; je suis, sans doute injuste.... Hâte-toi pourtant de parler, si tu ne veux que j'expire à tes yeux.

SIGISMONDE.

Craignez d'en savoir davantage... N'espérez plus que je puisse être à vous.

TANCREDE.

Eh, qui pourroit mettre obstacle à nos vœux?... Quel mortel oseroit affronter jusqu'à ce point, le ressentiment d'un Monarque?

SIGISMONDE.

Hélas, Seigneur!... L'erreur où vous m'avez jettée, & le pouvoir d'un implacable pere, ont mis pour jamais entre nous, une barriere insurmontable.... Osmond.... est mon époux!

TANCREDE.

Votre époux?... Je succombe!...

(*Après*

(*Après un long silence, ils se regardent fixement, & s'expriment mutuellement tout ce que la situation leur inspire.*)

TANCREDE, *continue.*

T'ai-je bien entendue?... Osmond est, (dis-tu) ton époux?.. Et je te perds!.. & te perds pour jamais?... As-tu pû le vouloir, avant de m'avoir entendu?... Ah, Sigismonde!.. Ah, malheureuse! Qu'as-tu fait?..Non! je ne puis le croire: Non!... Ta main est à moi; tu ne pouvois en disposer.... Je la reprends....

SCENE III.

SIGISMONDE, TANCREDE, OSMOND.

OSMOND, *en retirant la main de Sigismonde, de celle du Roi.*

MAdame, cette main n'est plus à vous.... Et si l'honneur pouvoit me le permettre maintenant... Voici le cas, que j'en ferois.... (*En la rejettant, avec dédain.*)

TANCREDE.

Téméraire mortel!... Qui donc, es-tu?

SIGISMONDE, *en fuyant.*

Ah, ciel!... Courons chercher mon pere.

SCENE IV.

TANCREDE, OSMOND.

OSMOND.

QUi suis-je, me dis-tu?... Quelqu'un, qu'ici, tu devrois mieux connoître.... Oui!... Regarde-moi bien...

D

Quelqu'un, qui veut défendre son honneur; qui prétend maintenir ses droits, contre un Prince perfide, contre un Roi trop peu fait pour l'être; & dont la premiere action, est celle qu'un tyran rougiroit peut-être qu'on lui reprochât.

TANCREDE.

Insolent!... Apprends, que ce Roi, si peu fait pour l'être, fera sentir le poids de sa vengeance à quiconque osera lui disputer des droits acquis avant les tiens.... Ceux dont tu veux te prévaloir, n'ont pour fondement qu'une indigne supercherie, qu'un obscur & lâche complot. Les miens, sont les droits de l'amour, de l'amour le plus réciproque, d'une foi donnée & reçue, qui dès long-temps unissoit nos deux âmes.... Ma Sigismonde enfin, doit être, & ne sauroit être qu'à moi... j'annullerai, par le pouvoir que me donne le sceptre, ces formalités criminelles dont vous avez imaginez pouvoir lier celle qui sera votre Reine, qui possede mon cœur, & qui partagera mon trône.... Et si tu l'ignorois, superbe Osmond! apprends-le de ton maître.... Saches, de plus, après t'en être mieux instruit, que s'il t'arrive seulement de penser à traverser mes desseins.... Ta tête m'en fera raison.

OSMOND.

Ma tête?... Cette menace excite mon mépris.... Depuis quand donc, le sort, les jours d'un Chevalier *Normand*, sont-ils devenus assez vils, pour dépendre du courroux d'un Roi?... La loi, faite pour te juger toi-même, en pourra bientôt décider... A son défaut... (*Il porte la main sur la garde de son épée.*) C'est à ceci, que j'en appelle.

TANCREDE.

Garde-toi de la toucher, traître!... Ou crains que la colere ne m'emporte assez, pour me faire oublier qui je suis.

SCENE V.

TANCREDE, OSMOND, SIFFREDI.

SIFFREDI.

AH, mon maître!... Ah, Seigneur, qu'apperçois-je?... Un Souverain, se compromettre ainsi!... J'imaginois que ma maison dût mériter quelques égards, & n'être point choisie pour un si scandaleux éclat... Un si fatal événement renverse, en un instant, mes espérances les plus cheres, & me rend la vie odieuse... Qui défendra nos droits, Seigneur, si c'est vous qui les attaquez? Qui maintiendra notre paix domestique, si c'est le Prince même qui la trouble?... Eh! n'est-ce pas pour en jouir plus sûrement, que tant de cœurs nés libres, se plient aux loix d'un gouvernement légitime?

TANCREDE.

Epargnez-vous ces froides remontrances : les devoirs de mon rang, ne me sont pas tout-à-fait inconnus.... Mais vous, vieil organe des loix, de quel front osez-vous parler d'égards, & de droits violés? Vous! dont l'audace n'a pas craint de mépriser, de fouler aux pieds tout ce qu'on doit à la justice.... à l'humanité même!... Tu sais, si je t'accuse à faux? Si j'ai droit de te retorquer tes indignes reproches?.. Mais je daigne encore t'épargner, sur-tout en présence d'Osmond; devant celui, pour qui ton amitié mal-placée, t'a fait si bassement sacrifier ta malheureuse fille.... Adieu.... Vous Connétable; vous, dont l'audace osoit lever les yeux jusqu'à l'objet de ma tendresse; je vous ordonne, encore un coup, sur votre tête.... dévore ta fureur, Comte! entends-moi....) Au péril de ta tête, (dis-je) garde-toi de pousser plus loin tes arrogantes & punissables prétentions.

SCENE VI.

OSMOND, SIFFREDI.

OSMOND.

ARrogantes, dit-il !... N'est-ce donc point ma femme qu'il m'enleve ?... Où sommes-nous, grand Dieu ! Suis-je, en effet, en Sicile ?.. Serions-nous devenus esclaves ? N'avons-nous plus de loix, plus de police, plus de frein ?... je n'aurois plus de droits sur mon épouse ?.. Monarque extravagant ! Tu menaces même ma vie ?.. Va, tyran, c'est du ciel même, & non de toi que je la tiens, pour la défendre noblement contre tout injuste oppresseur.... ô noble race des *Normands !* ô fils du *grand* & redouté *Rollon !* qui sortis par essains du fond du Nord, (digne source, digne nourrice des cœurs libres & généreux !) ainsi que la tempête, ont renversé tout ce qui s'opposoit à leur passage, n'ont dû leurs conquêtes & leurs établissemens qu'à leur épée, n'en jouissent encore qu'au même titre, & ne furent jamais accoutumés aux menaces d'un maître !... Vous, dis-je, généreux guerriers ! vous qui saurez l'outrage que j'éprouve ; méprisez moi, regardez-moi comme indigne de vous, si mon honneur n'est pas bientôt vengé ! ne voyez plus en moi qu'un lâche, qu'un traître à la patrie, trompé, trahi, tyrannisé, fait pour ramper dans la poussiere !... Ma cause est celle du public... *Constance* est, désormais, ma Souveraine.

SIFFREDI.

Oui, Seigneur, maintenons nos droits ; défendons-les, même avec fermeté : mais ajoutons y la prudence.... Ne risquons point à replonger l'Etat dans les horreurs inséparables d'une guerre intestine. Elevons-nous, illustre Osmond ! Mettons-nous au-dessus de la ſphere des paſſions & des vengeances perſonnelles. Agiſſons noblement; c'eſt-à-dire, comme nous penſons.... Songez, ſur-tout, que mon palais eſt un azile sûr pour votre épouſe.... Et qu'à la moindre violence, vous verriez cette main, quoique foible à certains égards, renouveller ce que jadis, en pareil cas, vit Rome... * Ne craignez rien : tout peut encore ſe réparer, & je connois le cœur du Roi. Ses premiers mouvemens ſont tout de feux, plus prompts que l'éclair même! Mais la juſtice, mais l'honneur, ont toujours des droits ſur ſon âme... Vous le verrez, (j'en ſuis certain!) revenir bientôt à lui-même.

OSMOND.

Je dirai plus.... Il faut qu'il y revienne. Oui, Seigneur, il y reviendra!... Vous le connoiſſez, dites-vous? Ah, plût au ciel, que vous-même m'euſſiez appris tout ce que vous ſavez de lui!... Ainſi, Seigneur, vous deſireriez donc qu'Oſmond attendît paiſiblement, que ce tyran revînt à la raiſon?... Puiſſances éternelles! il faudroit donc attendre que ce nouveau maître, eût le loiſir de mieux forger nos chaînes? Que ſon orgueil, accrû par l'excès de notre abaiſſement, eût renverſé toutes les loix?... Non, Seigneur; non, il eſt un plus noble & ſans doute plus sûr moyen de ramener l'aveugle & téméraire oppreſſion aux regles du devoir.

SCENE VII.

SIFFREDI, OSMOND, RODOLPHE, Gardes.

RODOLPHE, *à Oſmond.*

SEigneur, grand Connétable de Sicile, c'eſt par un ordre exprès du Roi, que je demande votre épée.

---

* *Virginius* dont *Clodius* vouloit enlever la fille, la poignarda de ſa propre main.

OSMOND.

Quel eſt ce Roi, Rodolphe? Je n'en connois point en Sicile.... Si ce n'eſt l'époux de *Conſtance.*

SIFFREDI.

Seigneur, (de grace!) Laiſſez un libre cours à ſa fureur.... Obéiſſez, je vous en prie.... Nulle priſon ne peut nous empêcher de demander raiſon de nos injures.... Je dirai plus; ce dernier trait m'attache encore à vous plus fortement.... Nos fortunes ſeront les mêmes. (*A Rodolphe.*) Ami! vous me voyez gémir ſur les prémices de ce regne.

OSMOND, *à part, à Siffrédi.*

Ou plutôt, de cette uſurpation... Ce météore, je le vois, peut effrayer tant qu'il brillera ſur nos têtes; mais il diſparoîtra bientôt.... (*Haut.*) Rodolphe, je vous ſuis.... [*En lui remettant ſon épée.*] Adieu, Seigneur.... Souvenez-vous que je laiſſe en vos mains, plus que ma fortune & ma vie.... Mon honneur.

SIFFREDI.

Le mien s'y trouve, à jamais attaché.... (*En l'embraſſant.*) Adieu, mon fils!... Nous ne ſerons pas long-temps ſéparés.... Point de ſommeil, point de repos pour moi, juſqu'à ce que je briſe, ou que je partage vos fers.

Fin du quatrieme Acte.

ACTE V.

SCENE PREMIERE.

SIFFREDI, *seul.*

D'Epais nuages semblent, de tous côtés, se rassembler autour de moi!... Le Roi, quoique moins agité, (car s'il est vif, il n'en est pas moins généreux!) conserve pourtant toute l'ardeur de sa tendresse pour ma fille; & persiste toujours, quel qu'en puisse être le danger, dans le dessein de briser le lien qui joint Osmond à Sigismonde.... Ciel! à quel orageuse mer, ai-je risqué de confier mon trésor le plus précieux?... Ici, les rapides & tumultueux essors d'une brûlante passion, que la jeunesse & le pouvoir suprême irritent, ne me font, hélas! que trop sentir la témérité de mon entreprise. Là, le jaloux orgueil d'un grand, redoutable par sa naissance, par ses amis, par la justice même de sa cause, intéresse vivement mon honneur à servir son ressentiment.... Tout me dit cependant encore, & j'en suis toujours convaincu, que les mesures que j'ai prises étoient devenues nécessaires pour prevenir les maux que je craignois pour ma patrie.... Mais, comment agir maintenant?... Je vais hâter peut-être les malheurs que j'imaginois prévenir.... Ciel! que j'ai lieu de craindre que la supercherie, quels qu'en puissent être les motifs, ne soit peu propre à procurer le bien public, ou la félicité particuliere.... Toi qui lis dans les cœurs, (Arbitre de nos destinées!) sois le témoin de toute la pureté du mien... J'ai cru devoir préférer ce que je devois à moi-même, ainsi qu'à mes concitoyens, aux brillantes lueurs faites pour éblouir les âmes bassement intéressées, & les plonger dans tous les maux que je me flattois d'éviter.... Quelle horreur! si....

SCENE II.

SIFFREDI, UN OFFICIER.

L'OFFICIER.

SEigneur, un étranger, d'un extérieur imposant, mais qui se couvre le visage; demande, avec empressement, à vous parler.

SIFFREDI.

Qu'il entre.... Il se couvre le visage!,.. Quel est le but de ce déguisement?... Et sur-tout, à cette heure-ci?

SCENE III.

SIFFREDI, OSMOND.

(Il est enveloppé dans un manteau, qu'il reléve, en entrant.)

SIFFREDI.

CIel! c'est Osmond?... Seigneur, je suis ravi de vous revoir... Mais pourquoi vous cacher ainsi?... Le Roi m'avoit dit que vous ne sortiriez qu'au point du jour... Il a donc fait plus qu'il n'avoit promis?

Osmond lui apprend que le Gouverneur du château où il étoit prisonnier, lui a permis de sortir jusqu'au point du jour, sur sa parole; & que tous les partisans de Constance *sont prêts à prendre les armes pour le ven-*

ger, ainsi qu'elle-même, d'un Prince dont les premiers procédés ne leur annoncent qu'un Roi plus à craindre encore que ne l'étoit Guillaume le mauvais. *Siffrédi employe en vain son éloquence pour calmer le ressentiment d'Osmond. Il offre même, pour lui assurer Sigismonde, de l'enlever, de la conduire dans un Monastere, & de la forcer [s'il le faut] de se consacrer à Dieu. Rien ne peut détourner le fier Connétable de la vengeance qu'il croit lui être due, ni ébranler les sentimens patriotiques de Siffrédi, qui le quitte, après lui avoir promis d'aller, dès le matin même, avec tous ses parens & ses amis, demander au Roi la pleine liberté de son gendre.*

SCENE IV.

Osmond, reste seul, conçoit des soupçons contre son beau-pere, dont l'attachement pour Tancréde lui est depuis long-temps connu; & sa jalousie réalise bientôt dans son esprit tous ces soupçons. Ce qui enfin le détermine à enlever, dès cette nuit, sa femme, & à la conduire en lieu de sûreté; & il sort, dans le dessein d'engager le Gouverneur du château à faire agir, dès cet instant, tous leurs amis.

SCENE V.

Le Théatre change, & représente l'appartement de Sigismonde. La nuit est avancée. Elle force Laure de la laisser seule à ses douleurs.

SCENE VI.

SIGISMONDE, *seule.*

ENfin, me voilà seule!... Et la plus malheureuse créature qui veille maintenant dans l'Univers.... J'ai dit à Laure, que je ne craignois rien. Mais je ne sai quelle secrette horreur saisit mon ame & me glace les sens!... D'où partent de tels mouvemens?... Que peut-on craindre encore, quand toute espérance est perdue?.. Et perdue, pour jamais!... (*En portant les yeux, sur son lit.*) Et toi, consolant azile du repos! Toi, qui fais oublier tous les tourmens des jours les plus tumultueux; où les peines de l'humanité affligée semblent s'ensevelir dans un délicieux oubli : tu m'offres en vain ton secours!. . Que faire donc? Que devenir, en de si douloureux instans?... Mais, ciel! n'entends-je pas du bruit?... Non.... je me trompois, sans doute. Le plus profond silence regne seul, dans cette affreuse nuit.... Ah, Dieu! Que vois-je?... C'est le Roi!... Fuyons....

SCENE VII.

SIGISMONDE, TANCREDE.

TANCREDE.

AH, de grace!... Calmez vos sens....

SIGISMONDE, *avec dignité.*

Est-ce un Roi qui me parle?... Mais, par quel art, par quelle violence, (& sur-tout à cette heure!) est-il parvenu jusqu'ici?

TANCREDE.

Par la secrette issue que mon amour avoit imaginée, lorsque dans des temps plus heureux, je consacrois avec si peu de fruit ces mêmes heures aux tendres protestations de la flâme la plus vive & la plus durable!

SIGISMONDE.

Eh, pourquoi persister dans l'odieux & coupable projet, d'ajouter encore aux tourmens d'une infortunée qui ne peut désormais être à vous?... Ah, Prince! laissez-moi.... Fuyez.... Ignorez-vous?...

TANCREDE, *en l'interrompant*, *avec chaleur.*

Je sai, cruelle, tout ce que j'aurois à vous reprocher.... Mais le temps est trop précieux, pour le perdre en vains discours.... Vous savez par quel indigne artifice votre pere m'a rendu coupable, aux yeux mêmes de mon amante?... Funeste, & déplorable aveuglement!... Ah, ciel! avez vous donc pû ne point appercevoir les mouvemens de surprise, de fureur & d'amour; tout le dépit dont j'étois animé, lorsqu'aux yeux de l'Etat entier, je me suis vû contraint, pour obtenir du moins quelque délai, de déguiser les sentimens dont j'étois intérieurement dévoré?...Avez-vous pû me supposer un autre but, que celui de m'assurer d'autant mieux la possession de ma chere & divine Sigismonde?... Et depuis ce fatal moment, que n'ai-je point tenté pour me débarrasser du piége où le barbare Siffrédi ne m'avoit que trop sû plonger?... Mais ta crédulité, mais ton dépit, mais l'oubli de ce que j'étois & veux toujours être pour toi, est malheureusement ce qui nous a perdus!... Car quel nom puis-je donner à l'injustice que j'éprouve de ta part?... Et quel espoir comptois-tu me laisser?

SIGISMONDE.

Trop généreux amant! Ce reproche (je l'avouerai!) me confond & me tue.... Oui, c'est moi; c'est moi seule qui t'ai trahi!... Un ressentiment trop aveugle, une vengeance trop précipitée, & mon trop de soumiſſion aux ordres preſſans de mon pere, ont mis le comble à nos malheurs!... Mais peux-tu comparer les tiens, à ceux où je me trouve en proie? A ceux dont tu me vois frémir?... Hais-moi, Tancréde; accable-moi de ton mépris; abandonne un ingrate au ſort qu'elle n'a que trop mérité.... Tâche enfin, d'oublier la malheureuſe & trop coupable Sigiſmonde!

TANCREDE.

Ciel! que dis-tu?... Moi, t'oublier!... Non, ton âme eſt toujours la mienne. Je ne penſe qu'à toi, je n'eſpere & ne reſpire que par toi, c'eſt toi qui fixes tous mes vœux!... Hélas! ton repentir ajoute encore au déſeſpoir que m'inſpire la crainte de te perdre.... Tu ne m'en deviens que plus chere!... Moi, t'oublier?... Serois-je encore Tancréde? Ne ſerois-tu plus Sigiſmonde?

SIGISMONDE.

C'eſt pourtant un effort, que le devoir doit vous preſcrire.

TANCREDE.

Et Sigiſmonde, oſera-t-elle le tenter?...

SIGISMONDE.

J'ignore, hélas! Quel ſera mon ſuccès!... Mais, quelque foible que je ſois, je me promets.... de remplir mes devoirs.

TANCREDE.

Ainſi, je ſuis perdu!... (*Avec une feinte froideur.*) Vous y réuſſirez, Madame; & je ſuis oublié... Mais...

SIGISMONDE, *avec effroi.*

Quoi, Seigneur?... Vous-même, oublierez-vous ce que je ſuis?.. Quels ſont donc vos deſſeins?

TANCREDE.

De reclamer, de faire reſpecter des droits fondés ſur la plus ſuprême des loix, & dont le ciel même eſt garant; de m'élever contre la profanation de la foi mutuellement jurée, qui rend nulle, de droit, toute espece d'alliance étrangere & postérieurement contractée; d'user enfin des droits du Souverain, contre l'abus des loix, dont lui seul est l'instituteur & le légitime interprète.

SIGISMONDE.

Seigneur, l'honneur est trop austere, par conséquent trop delicat, pour recourir à de telles subtilités... Ses promesses sont ses seuls juges.... Et vous savez ce qu'Osmond a droit d'en attendre.... Je n'étois, probablement, pas née pour le trône, ni pour un titre plus cher encore pour moi; celui de votre épouse.... Je suis celle d'un homme illustre, d'un homme né de votre sang; & serai, du moins, dignement, ce que je dois être avec lui.... Laissez-moi, donc; partez, Seigneur: partez, mon Roi!... Rien ne sauroit guérir les maux que ce jour nous a faits.... Adieu.... Nous ne nous verrons plus.

TANCREDE.

Impitoyable Sigismonde!... Où prends-tu cette fermeté?... Peux-tu, si froidement, percer mon cœur?... Ah! que l'amour est foible, lorsque la vanité peut ainsi balancer ses droits? Lorsqu'il voit, sans douleur, le déseſpoir de son objet?... Non! tu ne peux me voir, sans pitié, dans l'état horrible où je suis... Non! tu ne le peux, dis je: tu ne le peux, ma chere Sigismonde!... Tu t'attendris?... Songe combien le temps est précieux: sauve-moi; sauve-nous!... Rodolphe, avec ma garde, est à la porte du jardin... Saisissons un moment, que nous ne retrouverons peut-être jamais! je te reconnoîtrai, pour mon épouse; & t'en assurerai, publiquement, le titre auguste... Tout l'Univers approuvera mon choix; tous les cœurs généreux applaudiront à notre bonheur mutuel!

SIGISMONDE.

Eh! qu'est pour moi cet Univers, si j'ai quelques eproches à me faire?... Si pourtant tu n'étois pas Roi, e ne répondrois pas si certainement de moi-même... Ma conduite, en ce cas, justifiée, sanctifiée par le sentiment de l'amour le plus pur, n'eût pû paroître suspecte à l'œil même le plus févere : l'ambition, ou l'intérêt, n'eussent pû m'être reprochés. Mais aujourd'hui, mon cœur, quelque partial qu'il puisse être, réclame en vain contre le sentiment qui tyrannise ma raison.

TANCREDE.

Eh bien, n'en parlons plus, Madame.... Il faut que je céde à mon sort.... (*Avec transport.*) Oui, je le dois, barbare! quand ton ame endurcie par un orgueil mal entendu, se ferme à la pitié comme à l'amour.... Que dis je, hélas?... Regarde-moi, cruelle! vois ton amant, dégradé de son être, vil & méprisable poids de la terre, renoncer à son rang, abjurer sa naissance & ses devoirs!... C'est là, que je veux expirer; c'est à tes pieds, que je rendrai l'âme la plus fidelle... La mort, oui! la mort seule, désormais, pourra me séparer de toi.

SIGISMONDE, *en voulant le relever.*

Ah, Dieu! vous avez donc jurez ma perte?... Eh, que puis-je de plus pour vous?... Eh bien, Tancréde; eh bien, j'oublie encore, pour la derniere fois, ce que je suis!... Je veux bien encore t'avouer, que les liens les plus sacrés n'altéreront jamais les sentimens que mon cœur a conçus pour toi!... Mais, après ceci, laisse-moi.... Fuis, dis-je? Dusse n'être, que par pitié!... Dieu! quel sort est le nôtre?... Relevez-vous, Seigneur; & si vous m'aimez, en effet, respectez ma gloire; respectez mon repos.... Sortez, vous dis-je!.. Car, quoique ma vertu n'ait rien à redouter de la foiblesse de mon cœur; les déchiremens qu'il éprouve sont trop affreux pour que je les supporte plus long-temps!...

SCENE VIII.

TANCREDE, SIGISMONDE, OSMOND, *l'épée à la main.*

OSMOND.

REtourne-toi, tyran!... Je dédaigne de te surprendre.... Viens satisfaire à ma gloire outragée.

TANCREDE, *l'épée à la main.*

Insolent!... Songe toi-même, à ta défense.

(*Ils se battent, Osmond tombe.*)

SIGISMONDE.

Au secours! Au secours!... Ah, cieux cruels!...

(*Elle se panche, sur son mari.*)

Eh quoi, Seigneur!... Qu'aviez-vous donc imaginé? Quels soupçons aviez-vous conçus?... Ah! cette foi que je vous ai jurée, est encore aussi pure que le jour.... J'étois à vous, Seigneur!... Rien ne m'en eût pû séparer.

OSMOND.

Femme perfide!... [*En la frappant, de son épée.*] Meurs.... Vas m'attendre au tombeau.

TANCREDE.

Quelle horreur!... Barbare! exécrable assassin!...

OSMOND, *expirant.*

Tyran! du moins, tu n'insulteras pas à ma cendre... Je meurs vengé.... J'ai sauvé mon honneur..... Je meurs content.

SCENE IX.

TANCREDE, SIGISMONDE, RODOLPHE, LAURE, Gardes.

TANCREDE, *à genoux, auprès de Sigismonde.*

ALlez, volez, amis!... Qu'on vienne à son secours.... Que tout ce que *Palerme* a de fameux dans l'art de remédier à nos maux, se rende à l'instant dans ces lieux.... Ah, chere Sigismonde!

SIGISMONDE.

Tous les secours sont vains.... La main pesante de la mort, est étendue sur moi. .. Je goûte pourtant la douceur, de me revoir a mon Tancréde!... De pouvoir, sans remords, cesser de vivre entre ses bras!

TANCREDE, *à part.*

Dieu! sa voix s'affoiblit.... (*Haut.*) Tu te revois à moi?... Et la mort t'enleve à mes vœux!... Sort barbare! Tel est donc l'hymen que me préparoit ta fureur?... Et c'est Tancréde qui t'immole! C'est moi, qui suis la cause de ta mort!... Osmond n'en fut que l'instrument.... Je te ferai justice; & mon trépas suivra le tien.

SIGISMONDE.

Ah! vis plutôt, cher époux!... Pour regner, en héros; pour te rappeller, quelquefois, Sigismonde; pour prendre soin des malheureux amis que je te laisse... Et pour rendre.... ton peuple heureux!

SCENE

SCENE derniere.

Les mêmes Acteurs. SIFFREDI.

(*Siffrédi paroît, dans le fond du Théatre, immobile, & les yeux levés vers le ciel.*)

SIGISMONDE, *à son pere.*

Ô Mon pere!.. En quel état vous voit mon œil mourant?

SIFFREDI.

Ciel, redoutable!... Tu m'as frappé.... Tu m'as puni.... Je l'avois mérité, sans doute!

SIGISMONDE.

Où suis-je, hélas?... Je vois, à peine, à travers les ténebres!... Adieu, ma chere Laure! Prends soin de consoler mon pere.... Vous, Rodolphe, veillez sur votre maître! Veillez, sur mon époux!... Et vous, pere trop cher, accablé sous le poids de l'âge; ce coup, sans doute, est trop pesant pour vous?... Victime de la vertu même, recevez mon dernier adieu!... Mais quoi!... Je ne vois plus Tancréde?... Approche, cher époux.... Je sens ta main, froide, tremblante.... Adieu!.. J'expire.... toute à toi.

(*Tancréde veut mourir avec Sigismonde. On lui arrache son épée. Siffrédi, après un long & morne silence, & les yeux fixés sur les deux époux, s'écrie :*

O ciel! ne m'as-tu laissé vivre si long-temps, que pour montrer en moi le plus effrayant exemple de ta justice?... Rodolphe, relevez le Roi.... Qu'on l'emporte loin de ce Théatre d'horreurs....

Contemple, infortuné vieillard, l'œuvre funeste de ta main!... Tu voulus commander aux passions; tu risquas d'employer la force, pour les régler.... Tu vois trop tard, hélas! qu'elles peuvent souffrir un guide.... Mais jamais, un oppresseur!

Et vous, qui m'écoutez; vous, austeres parens!
Craignez d'exiger trop du cœur de vos enfans.

F I N.

FAUTES à corriger dans Tancréde, &c.

A l'épigraphe, au-deſſous du titre, *amour, amour, ſont-ce là de tes coups!* liſez, *amour, amour, ce ſont là de tes coups!*

Page 18, *apprends qu'un trône vous attend*; liſez, *nous attend.*

Page 32, *s'offre à mes regards*; liſez, *s'offrent.*

Page 46, *égaleroit la perfidie*; liſez, *ſa perfidie.*

Même page, *& ma fermeté m'en réponds*; liſez, *m'en répond.*

Page 61, aux deux dernieres lignes, liſez, *reproches & je.*

www.ingramcontent.com/pod-product-compliance
Ingram Content Group UK Ltd.
Pitfield, Milton Keynes, MK11 3LW, UK
UKHW021819190726
13853UKWH00003B/1067